MALAS LENGUAS

Fernando Bonete Vizcaíno

MALAS LENGUAS

100 anécdotas de escritores
de (casi) todos los tiempos

Papel certificado por el Forest Stewardship Council®

Primera edición: septiembre de 2024

© 2024, Fernando Bonete Vizcaíno
© 2024, Penguin Random House Grupo Editorial, S.A.U.
Travessera de Gràcia, 47-49. 08021 Barcelona

Penguin Random House Grupo Editorial apoya la protección de la propiedad intelectual. La propiedad intelectual estimula la creatividad, defiende la diversidad en el ámbito de las ideas y el conocimiento, promueve la libre expresión y favorece una cultura viva. Gracias por comprar una edición autorizada de este libro y por respetar las leyes de propiedad intelectual al no reproducir ni distribuir ninguna parte de esta obra por ningún medio sin permiso. Al hacerlo está respaldando a los autores y permitiendo que PRHGE continúe publicando libros para todos los lectores. De conformidad con lo dispuesto en el artículo 67.3 del Real Decreto Ley 24/2021, de 2 de noviembre, PRHGE se reserva expresamente los derechos de reproducción y de uso de esta obra y de todos sus elementos mediante medios de lectura mecánica y otros medios adecuados a tal fin. Diríjase a CEDRO (Centro Español de Derechos Reprográficos, http://www.cedro.org) si necesita reproducir algún fragmento de esta obra.

Printed in Spain – Impreso en España

ISBN: 978-84-666-7872-8
Depósito legal: B-11.361-2024

Compuesto en Llibresimes, S. L.

Impreso en Liberdúplex, S. L. U.
Sant Llorenç d´Hortons (Barcelona)

BS 7 8 7 2 8

Índice

1. Introducción a las malas lenguas. Safo de Lesbos 11
2. Aristóteles desterrado (384-322 a. C.) 16
3. Cicerón. Un poco de pluma, mucho de espada (106-43 a. C.) 18
4. Julio César escritor (100-44 a. C.) 21
5. Los tres Garcilasos de la Vega (1501/1503[?]-1536)... 23
6. Vidas paralelas de Mateo Alemán (1547-1614) 26
7. El ingenio de Cervantes y de su ingenioso hidalgo (1547-1616) 28
8. ¿Góngora *versus* Quevedo? (1561-1627) 31
9. Lope de Vega y la justicia social (1562-1635) 33
10. La lengua de Shakespeare (1565[?]-1616) 35
11. Quevedo y sus chistes (1580-1645) 37
12. Proyecto Calderón (1600-1681) 40
13. Sor Marcela de San Félix (1605-1688) 43
14. Molière no encuentra quien le entierre (1622-1673).... 45
15. Goethe y el hueso intermaxilar (1749-1832) 48

16. El Napoleón escritor (1769-1821) 50
17. Las lecturas de Jane Austen (1775-1817) 52
18. Washington Irving y el arte del pseudónimo
    (1783-1859) 55
19. Böhl de Faber y Estados Unidos (1796-1877) 58
20. Shelley: un monstruo tras otro (1797-1851) 61
21. El Evangelio según Balzac (1799-1850) 63
22. Pushkin y el lápiz rojo del zar (1799-1837) 66
23. Victor Hugo se sienta a trabajar (1802-1885) 69
24. Dumas padre, Dumas hijo (1802-1870) 71
25. El confinamiento de Nathaniel Hawthorne
    (1804-1864) 75
26. Los cuentos de Andersen (1805-1875) 78
27. La fraudulenta muerte de Edgar Allan Poe
    (1809-1849) 81
28. Gógol pirómano (1809-1852) 83
29. Dickens se revuelve en su tumba (1812-1870) 85
30. El cerebro de Walt Whitman (1819-1892) 88
31. Melville el Reseñista (1819-1891) 91
32. El éxito de Flaubert (1821-1880) 94
33. Verne en España y en español (1828-1905) 96
34. El herbario de Emily Dickinson (1830-1886) 98
35. Lewis Carroll, pedófilo y victoriano (1832-1898) 101
36. Mark Twain y el juego de la memoria (1835-1910) ... 103
37. Los esqueletos de Bécquer (1836-1870) 105
38. Los enemigos de Benito Pérez Galdós (1843-1920) 107
39. El revólver de Verlaine (1844-1896) 109
40. Emilia Pardo Bazán: pionera, aristócrata
    y traficante (1851-1921) 112
41. Rimbaud ha vivido mucho (1854-1891) 115

42. Las aficiones e hipótesis de L. Frank Baum
    (1856-1919) 117
43. El alfabeto de Bernard Shaw (1856-1950) 120
44. La biblioteca de Menéndez Pelayo (1856-1912) 123
45. Selma Lagerlöf ya no estaba (1858-1940) 125
46. Nadie conoce a Arthur Conan Doyle (1859-1930) 128
47. La oscuridad de James Matthew Barrie
    (1860-1937) 130
48. Realidad y ficción de Emilio Salgari (1862-1911) 133
49. Miguel de Unamuno: legado y vicio del ajedrez
    (1864-1936) 136
50. Las contradicciones de Jacinto Benavente
    (1866-1954) 138
51. El cordial y agresivo brazo de Valle-Inclán
    (1866-1936) 140
52. Las drogas de Proust (1871-1922) 142
53. Churchill duerme como un niño (1874-1965) 144
54. Antonio *Manchado*, el catedrático sin licenciatura
    (1875-1939) 146
55. Burroughs el Comercial (1875-1950) 150
56. Virgina Woolf, periodista (1882-1941) 152
57. James Joyce empresario (1882-1941) 154
58. Ortega y Gasset: elitista quizá, mimado nunca
    (1883-1955) 157
59. Kafka y sus ochocientas (1883-1924) 160
60. Rómulo Gallegos y los presidentes efímeros
    (1884-1969) 162
61. Nombre y traducción de Gabriela Mistral
    (1889-1957) 164
62. Stalin telefonea a Pasternak (1890-1960) 167

63. Donde Lovecraft apunta con su telescopio
 (1890-1937) 170
64. Agatha Christie, pionera del surf (1890-1976) 172
65. Papá Noel es Tolkien (1892-1973) 174
66. Josep Pla, agente doble (1897-1981) 177
67. Las mariposas de Nabokov (1899-1977) 180
68. Hemingway y sus accidentes (1899-1961) 182
69. Steinbeck y los otros hombres letrados
 (1902-1968) 184
70. Las tres conversiones de Halldór Kiljan Laxness
 (1902-1998) 186
71. Rafael Alberti. ¿Quién quiere un Nobel sin amigos?
 (1902-1999) 188
72. Simenon, el primer *streamer* literario (1903-1989) 190
73. Neruda, Malva y la humanidad con minúscula
 (1904-1973) 192
74. Graham Greene sueña con papas (1904-1991) 195
75. Samuel Beckett y el absurdo que apuñala
 (1906-1989) 198
76. Miguel Hernández se despide de su hijo
 (1910-1942) 201
77. Burroughs el Destructor (1914-1997) 203
78. La barba de Cortázar (1914-1984) 205
79. Camilo José Cela, pedorro domiciliario (1916-2002) .. 207
80. Juan Rulo y su tío Celerino (1917-1986) 210
81. Arthur C. Clarke y el rácord literario (1917-2008) 213
82. El pis de Salinger (1919-2010) 216
83. Asimov y la tienda de caramelos (1920-1992) 219
84. Bradbury es una máquina de escribir
 (1920-2012) 221

85. Miguel Delibes y Ángeles despejan la «X»
(1920-2010) 223
86. Carmen Laforet: primera y última (1921-2004) 225
87. Los 36 metros de Kerouac (1922-1969) 228
88. Mishima: culturismo y horror suicida (1925-1970) ... 231
89. El año sabático de Harper Lee (1926-2016) 233
90. Corín Tellado y las «novelas de sentimientos»
(1927-2009) 236
91. Philip K. Dick *versus* Stanislaw Lem (1928-1982) ... 239
92. Los bólidos de Françoise Sagan (1935-2004) 241
93. Obra y premios póstumos de John Kennedy Toole
(1937-1969) 243
94. Paul Auster: suerte, muerte, dinero y pelotas
(1947-2024) 246
95. El primer superventas de Stephen King (n. 1947) ... 248
96. George R. R. Martin es lento, pero no tanto
(n. 1948) 250
97. Nada es normal con Houellebecq (n. 1956) 253
98. Jonathan Franzen se corrige (n. 1959) 256
99. Jon Fosse, el alcalde y el párroco (n. 1959) 258
100. J. K. Rowling terfa y cancelada (n. 1965) 260

BIBLIOGRAFÍA 263

1

Introducción a las malas lenguas
Safo de Lesbos

Apenas disponemos de datos biográficos fehacientes de la poetisa de la Grecia Arcaica Safo de Lesbos. Estos son tan escasos que buena parte de las afirmaciones que se han hecho y han perdurado sobre su vida y carácter tienen que ver mucho más con las interpretaciones interesadas que con la realidad, que permanece velada. Para nosotros, Safo es la autoficción que la historia ha creado de ella.

Según algunas fuentes, nació hacia el año 620 a. C. y murió en el 570 a. C. Tuvo que ser una persona notable, por descontado. Pese a no tratarse de la única mujer poeta y sabia de su época, su éxito fue tal que su obra sobrevivió a través de los siglos mediante el esforzado arte de la copia en papiro —hasta el siglo VII d. C., eso es un milenio en copias—, algo insólito, muy poco frecuente para la obra de una mujer de aquellos tiempos.

Lo que se da por seguro de la biografía de Safo es el nombre de sus padres y hermanos, el de su esposo, y un posible exilio a Sicilia. Poca cosa a partir de la cual comienza a forjarse la leyenda.

Si Platón la consideró «la décima musa», otros se han ido al inicio del *ranking* para proclamar que fue «la primera lesbiana de la historia». Al margen de que en la Antigua Grecia el concepto de «homosexualidad» no existía como tal, ni mucho menos como lo entendemos hoy, y aun siendo cierto que en sus poemas se refleja a las claras el «amor» que profesa a sus amigas, la Safo icono del lesbianismo e incluso del feminismo no es más que una construcción biográfica ocasional —que viene operando desde el periodo helenístico hasta los estudios de género actuales— de algunos autores frente a otros que niegan su homosexualidad o bisexualidad, o se sitúan en el extremo de calificarla directamente de «prostituta». Todo ello mezclado con una visión orientalista —decadentista, perversa— de la sexualidad de influencia decimonónica, y sentenciado por la representación de Safo como suicida al no recibir las atenciones del bello Faón. Sin embargo, no hay ninguna prueba al respecto, ni del suicidio ni de las calabazas.

Existen muchas otras interpretaciones para las huellas de tono homoerótico en la poesía de Safo: el ritual, el subtexto para desafiar el estatus de su tiempo o el mero juego literario, pero el relato de la homosexualidad de la poetisa se ha impuesto por los siglos de los siglos. Las malas lenguas no descansan, son una constante desde que la humanidad tiene memoria, y ponen la guinda a la biografía de todos nosotros.

Las malas lenguas nos hablan de lo oculto insospechado; no damos crédito, no podemos creer que sea cierto lo que nos cuentan. Pero la sorpresa unida a la perspectiva de la posibilidad, así como las implicaciones que esa posibilidad despliega en nuestra imaginación junto al placer de conocer algo que quizá los demás no sepan y con lo que podré sorprenderles a su vez —convirtiéndome en parte de las malas lenguas, porque «dicen las malas lenguas...»—, bien vale que le demos una oportunidad al rumor, al morbo, a la curiosidad en definitiva.

El cuestionamiento del mito de Safo, sostenido en el encumbramiento o la maledicencia de unos y otros, introduce bien este anecdotario. En palabras de la historiadora Elena Duce, especialista en la Antigüedad y estudiosa del mito historiográfico de la poetisa, lo que se ha dicho de la escritora a lo largo de la historia «no son versiones necesariamente verídicas, pero tampoco obligatoriamente falsas».

Muchas de las anécdotas recogidas en este libro parten de esa premisa, y me he dedicado a confirmarlas o desmentirlas hasta donde me ha sido posible: las muchas y falsas muertes atribuidas a Edgar Allan Poe; las flatulencias achacadas a Camilo José Cela; el falso dedo de Calderón que es un hueso del pie; la supuesta lentitud de George R. R. Martin; o el espíritu aventurero que se le adjudica a Salgari hasta en su muerte.

Pensaréis que soy un aguafiestas, pero creedme si os digo que del desmentido de una anécdota suele nacer una nueva curiosidad sobre el personaje que a veces —no siempre, para qué nos vamos a engañar, en ocasiones sí soy un aguafiestas—, a veces es incluso más divertida y sorprendente que la inventada.

Tampoco se trata de que este libro sea un constante *fact-checking* biográfico. Otras anécdotas nos descubren facetas, por lo común desconocidas, de escritores que fueron mucho más —o mucho menos— que eso. En algunos casos, no en todos, tan solo en los más excepcionales, escribir no fue su principal dedicación en vida, si bien en la muerte solo se les recordó por la importancia de su obra literaria. Entre esas vertientes insospechadas de nuestros autores favoritos tenemos al Goethe fisionomista, al James Joyce empresario y pionero del cine, al Bécquer dibujante, al Mishima culturista, al Nabokov lepidopterólogo, a la Agatha Christie surfista o al Napoleón escritor (sí, también fue escritor, al igual que Julio César).

Por supuesto, en cualquier anecdotario que se precie no pueden faltar las acciones irracionales o estrambóticas de los escritores: Gógol quemando su obra, Emilia Pardo Bazán traficando con armas, Salinger bebiéndose su propia orina, Simenon escribiendo en un escaparate...

También hay anécdotas de y sobre los premios Nobel de Literatura —las polémicas que han rodeado al Nobel, al menos en esta categoría, siempre han sido una invitación a la anécdota—: Hemingway, Neruda, Pasternak, Bernard Shaw, Laxness, Selma Lagerlöf, Gabriela Mistral, y hasta el reciente Jon Fosse, entre otros.

Sobre la pregunta del millón, qué criterio he seguido para seleccionar a los cien escritores que forman parte del anecdotario, la respuesta es muy sencilla: ninguno. O en cualquier caso, ninguno objetivo o deliberado. Ante todo, ha primado el hecho de encontrar una anécdota que explotar, o un suceso del que tirar del hilo hasta dar con algo curioso y digno de ser contado. A veces me he topado con la anécdota por casualidad, otras la he tenido que buscar y, en una mayoría de los casos, no la he encontrado y el escritor se ha salvado —de momento— y no ha entrado en la lista.

También ha tenido que ver en la selección mi voluntad de aprovechar la oportunidad que me daba este libro para descubrir nuevos autores o profundizar en otros que no conocía tanto, con el propósito añadido de que el lector me acompañe en estos descubrimientos.

Por otra parte, en efecto, no hay tantas mujeres como hombres entre los escritores escogidos. No se ha presentado la ocasión ni la he buscado. No me obsesiona el cupo; tampoco me obsesionan las posibles críticas que se produzcan por tal ausencia. Un buen libro de anécdotas tiene que saber generar las suyas propias. De hecho, además de las que puedan llegar, os puedo contar ya unas pocas. El título no se me ocurrió a mí, tampoco la idea de un escritor gamberro para la cubierta, sino a mi mujer, Maitane, y qué gran título, ¿verdad? (El Quevedo de la portada es una genialidad de Sebastià Martí). El criterio de orden de aparición que finalmente hemos dado a los escritores, el cronológico por año de nacimiento, fue de mi editor, Gonzalo Eltesch.

A mí me ha restado la tarea de escribir estas páginas, y aunque el último mes de trabajo se me hizo algo duro intentando llegar a las malditas «100 anécdotas», porque todos sabemos que el 100 es un número redondo que en portada queda mucho mejor que 50 o 75, un número de esos que prometen más lectores —dejadme que viva en la ilusión de creerlo y, por lo pronto, gracias por contribuir a ello—, lo cierto es que me he divertido mucho con el proceso de investigar y redactar todas y cada una de ellas. También he aprendido una barbaridad sobre la vida y obra de los autores que forman parte del anecdotario y de la época que les tuvo que sufrir.

Ojalá haya quedado algo de ese espíritu con el que escribí el libro y sus anécdotas os regalen grandes sorpresas, momentos divertidos y hallazgos literarios que os impulsen a conocer y leer más de cuantos grandes escritores de (casi) todos los tiempos las protagonizan.

Docere et delectare.

2
Aristóteles desterrado
(384-322 a.C.)

Sócrates, Platón y Aristóteles. El *dream team* de la filosofía ateniense tiene un foráneo entre sus filas. Aristóteles no nació ni murió en Atenas, y no gozó de la ciudadanía ateniense. Sí vivió en Atenas, aunque marchó de allí en dos ocasiones, partidas siempre jalonadas por las más fúnebres circunstancias: primero la muerte de su maestro Platón (347 a. C.); después la de un discípulo, Alejandro Magno (323 a. C.).

Los motivos de la primera salida de Atenas —como se verá después, decisiva— son meras especulaciones, pero tratándose este libro de un anecdotario, cabe presentar y dar pábulo a las tres más probables. Muerto Platón, había que elegir nuevo director para la Academia ateniense. Los candidatos, por su preparación y prestigio intelectual, eran tres: Aristóteles, Jenócrates y Espeusipo. Este último, sobrino de Platón por más señas, resultó el escogido para sucederle.

¿Fue descartado Aristóteles por su disenso ante el platonismo? Nunca lo sabremos a ciencia cierta; quizá no, dado que también Espeusipo, como buen sobrino, negaba la teoría de las ideas de su tío. ¿Marchó Aristóteles decepcionado ante la elección? Nunca lo sabremos a ciencia cierta; quizá no, dado que un macedonio sin ciudadanía ateniense tenía por norma muy difícil ostentar dicha posición. ¿Marchó ante la perspectiva de las complicaciones que traería para un macedonio rodeado de atenienses la guerra que había estallado entre ambas facciones? (Recordemos que un año antes de la muerte de Platón, Filipo II de Macedonia saqueó Olinto). Tampoco es posible saberlo a ciencia cierta.

Sea como fuere, el destierro de Aristóteles resultó decisivo para la historia de las ideas y la configuración del pensamiento occidental. Tras su paso por Aso y Mitilene, donde sumó discípulos procedentes de la escuela platónica —entre ellos Teofrasto, su futuro sucesor intelectual y tutor de su hija Pitias y su hijo Nicómaco—, es invitado a la corte de los macedonios para convertirse en el tutor de Alejandro Magno. El discípulo no hizo caso alguno de los ideales políticos del maestro, y lo demostró fundando un vasto imperio y revolucionando la administración tradicional griega, pero el maestro obtuvo a cambio la notoriedad suficiente para regresar triunfante a Atenas y crear su propio centro de estudios, el Liceo.

De esta escuela proceden la obra y tratados más importantes de Aristóteles, un legado que, acompañado de los comentarios de Averroes, impactaría más de doce siglos después con gran fuerza en el Occidente cristiano. Así, se volvieron a confrontar los conceptos platónicos y neoplatónicos adoptados por san Agustín con el nuevo y recién traducido pensamiento aristotélico que alcanzó su cúspide en la obra de santo Tomás de Aquino. Nunca un destierro nos alegró tanto.

3
Cicerón. Un poco de pluma, mucho de espada
(106-43 a. C.)

«¡Oh tiempos, oh costumbres!» es una de las muchas famosas locuciones que plagan las *Catilinarias*, los cuatro discursos con los que un Marco Tulio Cicerón cónsul denunció entre noviembre y diciembre del 63 a. C. «la conjura de Catilina», como se conoció y debatió desde entonces la conspiración del senador Lucio Sergio Catilina contra la República —pero sobre todo contra la persona del primero, a quien siempre se enfrentó como su más fuerte oponente político—. Pues bien, se podría aplicar la máxima a la actuación misma de Cicerón en el desmantelamiento del complot, dando auténtica fe de su propósito.

Las *Catilinarias* son un ejemplo excelso de la retórica, del uso de la palabra y la astucia política; de ahí que sean estudiadas al detalle tanto por latinistas como por comunicadores, candidatos y gobernantes que quieren destacar en el arte de la palabra y de la persuasión. Resulta indiscutible la importancia de estos cuatro discursos de Cicerón para convencer al Senado de las peligrosas aspiraciones de Catilina —así como la intervención de otras célebres figuras de la historia de Roma, como Cayo Julio César o Marco Licinio Craso— y para presentarse a cambio como el salvador del

Estado. Pero la palabra no fue el único recurso utilizado por Cicerón para hacer prevalecer su consulado, poniendo en duda por adelantado el tópico literario decimonónico, aquello de que «la pluma es más poderosa que la espada».

Lo sabemos bien: como señala la gran especialista y divulgadora del mundo romano Mary Beard, no hubo nadie más en la Antigüedad hasta san Agustín cuya vida esté documentada hasta el punto de «poder reconstruir una biografía plausible en términos modernos». Sin embargo, el paso del tiempo primó el luminoso recuerdo de sus intervenciones orales y encumbró su faceta como estadista y hombre de letras, tapando con eficacia el rastro de vileza y crueldad que también él dejó en la historia.

En la pugna política y elecciones contra Catilina por el consulado en el 63 a. C., Cicerón no dudó en aparecer ante las urnas con coraza bajo la toga y seguido de una guardia armada, «como si un político moderno —estima Beard— entrase en la asamblea legislativa ataviado con traje formal y una ametralladora colgada del hombro». Tras su victoria electoral, comenzó a recibir pruebas del violento complot que planeaba Catilina. Consiguió el visto bueno del Senado para proteger al Estado, y Catilina huyó de Roma al encuentro de su ejército, con el que no consiguió vencer a las legiones romanas. Él mismo cayó en combate.

Los colaboradores de Catilina fueron condenados a muerte por orden directa de Cicerón, en un ejercicio abusivo de sus poderes y sin mediar siquiera un juicio de farsa. Esta decisión le pasó factura al terminar su mandato, puesto que le costó el exilio, el descrédito reputacional una vez rehabilitado y la inquina de quienes le asesinaron veinte años más tarde, en el 43 a. C., en las guerras civiles que siguieron al brutal apuñalamiento colectivo de Julio César. Su mano derecha y su cabeza se clavaron en el centro de Roma para que todo el mundo pudiera participar de su mutilación. Otra sentencia, esta de origen bíblico, nos da la lección: «Quien a hierro mata, a hierro muere».

4

Julio César escritor
(100-44 a.C.)

Teniendo en cuenta todo tipo de consideraciones, excepto las de carácter ético —al fin y al cabo, se trata de un dictador—, se puede afirmar con rotundidad que Julio César lo tenía todo, fue un verdadero genio en muchas cosas: un político sin parangón; un dechado de virtudes —las romanas, se entiende— que le hicieron modelo de grandeza para el conjunto de Occidente; un estratega militar como se han visto pocos en la historia de la humanidad; un excelso orador y a la postre, aunque se pase por alto y lo hayamos olvidado, un magnífico escritor.

Se ha perdido mucho del César escritor, sobre todo perteneciente a su obra poética; también tragedias y tratados astronómicos, etnográficos y de oratoria. Suetonio todavía conoció *De la analogía*, así como los poemas que describen el viaje de César a Hispania cuando fue gobernador en el sur, pero para entonces ya se habían extraviado una tragedia de Edipo, una colección de apotegmas y una oda a Hércules.

Han sobrevivido sus narraciones históricas *Comentarios a la guerra de las Galias* y *Comentarios a la guerra civil*. Suficiente para considerar a Julio César uno de los grandes representantes del período áureo de las letras latinas, junto con Salustio, y también con Tito Livio.

Ensalzadas como obras maestras ya en la Antigüedad, se han utilizado para estudiar latín desde la Edad Media en adelante, por su estilo claro, al mismo tiempo que elegante, y como libro de texto en Francia a partir de los tiempos de Napoleón, quien emuló a César en muchas facetas, también en la literaria, como se verá en el capítulo correspondiente.

Ninguna de las obras se halla completa, pero no por los azares destructivos de la historia, sino por la dejadez del dictador, que ante todo era un hombre pragmático. Usados como elementos propagandísticos de su persona política y militar, con los *Comentarios a la guerra de las Galias* intentó evitar sin éxito la guerra civil. Para cuando estalló, no tuvo sentido seguir escribiendo sino sobre el conflicto mismo. De nuevo, acabado el fratricidio, continuar los *Comentarios a la guerra civil* careció a su vez de sentido. En ambos casos fue su *legatus* Aulo Hircio, apoyándose en materiales del dictador, quien dio continuidad y fin a ambas obras.

Para acompañar y reforzar el aura artística de Julio César hay que recordar que, como tantos otros escritores de la historia de la literatura que sí lo han sido, se creyó durante milenios que fue epiléptico. César no dejó nada escrito sobre sus ataques, pero Plutarco, Suetonio o Apiano lo apuntaron en sus textos. A la postre, esta era tenida por una enfermedad sagrada; le sería poco útil en el campo de batalla, pero resultó un apoyo extra para reforzar su imagen divina.

Hoy la epilepsia le habría hecho confraternizar con otros escritores que la padecieron, como Dostoievski, pero los investigadores Francesco Galassi y Hutan Ashrafian, del Imperial College de Londres, han señalado que todo apunta a que los síntomas recogidos en los textos del momento no habrían sido causados por la epilepsia, sino por pequeños derrames cerebrales.

5
Los tres Garcilasos de la Vega
(1501/1503[?]-1536)

Uno de los ejemplos por antonomasia del poeta soldado, con permiso del manco de Lepanto, fue el del renacentista Garcilaso de la Vega. Aunque se discute el año de su nacimiento, si aceptamos como referencia el de 1503, que es el que propuso Fernández de Navarrete, su primer biógrafo, Garcilaso andaba por los diecisiete cuando entró al servicio del emperador Carlos I de España. Así inició una exitosa carrera militar que le llevaría a combatir en la guerra de las Comunidades de Castilla, la campaña de Fuenterrabía y de Florencia, la Jornada de Túnez y, finalmente, la guerra italiana contra Francisco I de Francia.

En esta última campaña, en Provenza, lo hirieron durante el asalto a la fortaleza de Le Muy y, trasladado a Niza, murió a causa de sus heridas dos semanas más tarde, el 14 de octubre de 1536.

En paralelo, y gracias a sus estancias por motivos cortesanos o bélicos en Nápoles, Garcilaso se convertirá en el gran representante del Renacimiento castellano, con innovaciones líricas tomadas de Petrarca, Sannazaro y Ariosto que cambiaron por completo la forma de hacer versos en la poesía española.

Otro Garcilaso de la Vega, este soldado, pero no poeta, fue Sebastián Garcilaso de la Vega. Llegó a Perú desde Guatemala como parte de la expedición del adelantado Pedro de Alvarado, en busca de nuevas conquistas, y se quedó a cargo del clan de los Pizarro, después de que estos dieran a Alvarado cien mil pesos de plata a cambio de abandonar el reino y evitar nuevos enfrentamientos entre conquistadores. Bajo la protección de los Pizarro, el capitán Sebastián Garcilaso de la Vega llegó a ser alcalde de Cuzco, capital del Imperio incaico.

Allí, fruto de la relación del capitán con la princesa inca Isabel Chimpu Ocllo, nació en 1539, apenas tres años después de que nos dejara el primero, nuestro segundo Garcilaso de la Vega. En su partida de bautismo figura como Gómez Suárez de Figueroa, adopción privilegiada del nombre del primer conde de Feria, del que era descendiente. En 1560 emprende rumbo a España y pocos años después de su llegada, a los veintitrés —una edad parecida a la del primer Garcilaso—, toma las armas y adopta el nombre de Inca Garcilaso de la Vega, representación de sus orígenes mestizos con el que se le conocerá en la posteridad, tras dejar la espada y cambiarla por la pluma, como el «príncipe de los escritores del Nuevo Mundo».

Tanto Garcilaso de la Vega, tanto guerrero y tanto poeta junto no podía ser fruto de la casualidad. Todos eran familia: el primer Garcilaso de la Vega fue tío del segundo, por lo que el tercero fue sobrino nieto del primero.

Garcilaso el Inca vuelve a Perú

En cumplimiento de las disposiciones testamentarias de su padre, Garcilaso de la Vega (de los tres, el Inca) viajó a España en enero de 1560, y nunca más regresó a América. Bueno, no vivo, desde luego. El 25 de noviembre de 1978, en un viaje del rey Juan Carlos a Perú, el monarca depositó en la catedral de Cuzco una arqueta con una parte de las cenizas procedentes de la capilla de las Ánimas del Purgatorio de la mezquita-catedral de Córdoba, como gesto de unión entre culturas hermanas.

6
Vidas paralelas de Mateo Alemán
(1547-1614)

El pícaro por antonomasia, pese a lo que creen los de la LOGSE y subsiguientes, no está en *Lazarillo de Tormes*; este fue tan solo, como planteó Mainer, «un precedente necesario». El modelo de pícaros se halla en *Guzmán de Alfarache*, de Mateo Alemán. Con la fama que ha adquirido el antihéroe en nuestros días —historicismos con el xvi y el xvii aparte, será que los tiempos de crisis, da igual cuándo, derivan en la veneración de estos arquetipos artísticos—, uno no puede sino recordar que el ínclito protagonista de esta historia superventas de su época, escrita y publicada entre lo mejor del Siglo de Oro y casi lo peor de la degradación del Imperio español —faltaba Felipe IV y Westfalia para que el desmoronamiento fuera definitivo— fue un ladrón, un estafador y un proxeneta. Esta es la cruda verdad.

El más grande escritor de todos los tiempos vivió también en aquel tiempo, y publicó la más grande de todas las obras literarias en fechas muy similares. En vida y en obra, Cervantes y Mateo Alemán presentaron no pocos paralelismos.

Los dos trabajaron para la administración como funcionarios de la Corona, fueron denunciados por sus tejemanejes con el dinero público y privado, y acabaron presos. Los sinsabores del peculio se extendieron al matrimonio, que buscaron para saldar deudas y no terminó bien para ninguno de ellos. Doctos fueron, y mucho, pero sin título de licenciado, y eso que Alemán llegó a cuarto de Medicina, carrera que, junto con la de Leyes, dejó sin finalizar.

Publicaron la primera parte de sus respectivas obras cumbre —porque ambos la editaron en dos partes— en años cercanos, dando nacimiento sin saberlo a la novela moderna. El primer libro del *Guzmán* apareció en 1599; el primero del *Quijote*, en 1605. Antes Alemán que Cervantes, aunque mejor Cervantes que Alemán. Un poco por eso y un mucho por otros motivos todos vergonzantes para el nivel cultural de nuestro país, injustamente bastante más olvidado Alemán que Cervantes. No obstante, regalaron a la posteridad las aventuras de dos tipos inolvidables, «un galeote arrepentido y un hidalgo chiflado», como los describió Florencio Sevilla.

Aún hay más en esta anécdota de vida y obra paralelas, pues a ambas primeras partes les salieron segundas apócrifas. Si Cervantes tuvo al anónimo Alonso Fernández de Avellaneda, Mateo Alemán tuvo a Mateo Luján de Sayavedra —sobrenombre de un desconocido valenciano, Juan Martí, cuyo más alto logro en la literatura fue apropiarse de la obra de otro–. Y ambos se dedicaron con indisimulado disfrute a la par que preocupación, y una genialidad pocas veces igualada, a desautorizar los apócrifos en sus prólogos.

7
El ingenio de Cervantes y de su ingenioso hidalgo
(1547-1616)

A don Quijote no se le podía llamar oficialmente «loco» porque ya tenía lo suyo con tanta lectura y ser caballero en esta España nuestra. Pero algo había que llamarle y pronto, porque corre la primavera de 1604 y apenas quedan unos meses para que entre en el taller de Cuesta, del que saldrá impreso el primero de diciembre.

No es lo único que queda por decidir y hacer con el manuscrito, que se barrunta que alcanzará una extensión superior a las seiscientas páginas —serán 664 en 83 pliegos— y va todo él de corrido, con pocos puntos y aparte y escasos capítulos. El titular, al fin y al cabo, nos gusta ponerlo cuando ya está todo hecho. A Cervantes le resta la prolija tarea —en las tres acepciones del adjetivo: por larga, por esmerada y por pesada— de dividir su extraordinaria creación sirviéndose de epígrafes.

La división por capítulos siempre ha sido importante, en el siglo XXI como en el XVI, aunque por distintas razones. Hoy se colocan capítulos cada dos por tres con el propósito de aligerar el texto, dinamizar el diseño de impresión y acelerar la lectura para ojos y mentes poco habituados a las digresiones; ya sabéis, el libro típico de nuestros días: prosa ligera, capítulo corto, mucho epígrafe y letra cuerpo 28. Sin embargo, por entonces se colocaban acompañados de epígrafes —introducción y resumen del capítulo— para guiar al lector, que más que lector era oyente, porque leer sabían pocos, y ayudarle a reconectar con una historia que había oído a cachos o leído en el desordenado orden en el que llegaran los pliegos sueltos.

De los epígrafes, el primero decía: «Que trata de la condición y ejercicio del famoso hidalgo don Quijote de la Mancha»; el segundo: «Que trata de la primera salida que de su tierra hizo el ingenioso don Quijote». Pues de ahí salió el título de la obra: *El ingenioso hidalgo don Quijote de la Mancha*. No habrá «ingenioso» adjetivo más que en otros epígrafes; no lo había en todo el texto de la primera parte, porque no se le ocurrió antes, sino al final a nuestro manco que no era manco.

En Cervantes, el ingenio fue el de la quinta acepción, «chispa, talento para ver y mostrar rápidamente el aspecto gracioso de las cosas». Vale.

Un 23 de abril, Día del Libro

El 23 de abril se celebra en todo el mundo el Día Internacional del Libro, en buena parte debido a la supuesta fecha de defunción de los dos escritores más universales de la historia de la literatura, Cervantes y Shakespeare.

Sin embargo, ninguno de los dos murió realmente el 23 de abril. Cervantes falleció el día 22, el 23 fue enterrado. Shakespeare murió el 23 de abril, pero solo según el calendario juliano utilizado en la Inglaterra isabelina; según nuestro calendario actual, el gregoriano, murió el 3 de mayo.

Quienes sí murieron el 23 de abril fueron el cuzqueño Inca Garcilaso de la Vega, el británico William Wordsworth, la venezolana Teresa de la Parra, el español Josep Pla o el Nobel islandés Halldór Laxness.

8

¿Góngora *versus* Quevedo?
(1561-1627)

Luis de Góngora pasó a la historia tanto por sus letras como por ser aquel «hombre a una nariz pegado». La legendaria rivalidad con Francisco de Quevedo les precede a ambos. ¿Quién comenzó la pugna? Fue Quevedo, si se da por buena la atribución de los versos que circularon bajo el pseudónimo de Miguel de Musa —atacaban el culteranismo de Góngora con esa imitación que hace parodia—, y a los que el canónigo contestó con otros, iniciándose así el intercambio.

En realidad, no fue tan tremendo el enfrentamiento si se tiene en cuenta, primero, la gran diferencia cualitativa de éxito y resonancia literaria y social de ambos perfiles; y segundo, la cantidad, el porcentaje de versos disparados por uno y otro contendiente en el total de lo producido.

Sobre el primer punto, cabe recordar que Góngora y Quevedo se llevaban diecinueve años. Una diferencia grande hoy, y más para la época. Para cuando Góngora escribe su primer poema, Quevedo anda naciendo. Para cuando Góngora se codea con el duque de Lerma en Valladolid —capital del Imperio español desde 1601—, Quevedo anda estudiando en la universidad. Para cuando Góngora muere, lo hace como un poeta arruinado, pero de enorme reputación y con una obra reconocida a sus espaldas. Para cuando Quevedo muere, aunque célebre, apenas se ha publicado una décima parte de sus textos y su fama literaria será más bien póstuma.

Sobre el segundo punto y de la parte de Góngora, me remito a lo argumentado por el filólogo Juan Manuel Díaz Ayuga en su artículo «Érase un conflicto más que aceptado»:

> [...] que de los cuatrocientos dieciocho poemas auténticos y el medio centenar de poemas atribuidos de autenticidad probable, solo tres pueden estar dirigidos contra Quevedo. [...] en sus cuarenta y seis años de actividad literaria, la atención de Góngora a Quevedo se limita únicamente a tres sonetos.

De la parte de Quevedo, Juan Manuel Blecua apunta a diecisiete composiciones contra Góngora, si bien todas menos una plantean fuertes dudas sobre su autoría.

Entonces ¿cómo ganó tamaña trascendencia histórica dicha enemistad? El ingenio de los insultos, siempre de primerísima calidad, tuvo y tiene mucho que ver, potenciado además por lo escatológico de muchos de ellos —lo fecal es igual ayer que hoy—. También resulta fácil estudiar y entender la literatura como un juego de opuestos, en este caso, culteranismo *versus* conceptismo. Por último, el todopoderoso chascarrillo, sin el que este libro no tendría sentido, y que permite «conocer» a ambos poetas sin tener que pasar por las *Soledades* o el *Polifemo*.

9

Lope de Vega y la justicia social
(1562-1635)

Algunos pormenores de la vida y obra de Lope podrían hacer las delicias de lo *woke*. Y otros muchos deshacerlas. Los últimos, por la época y por el carácter del genio literario, extrañan menos, son más frecuentes, y valen poco para un libro del que se espera la excepción —siquiera la que confirma la regla—. Pero se puede hablar de lo *woke* en Lope aunque solo sea en torno al feminismo y al racismo. Lo *queer*, que yo sepa, no tiene cabida.

Del feminismo en Lope hablaré en el capítulo dedicado a su hija, Marcela de San Félix, inesperada, pero verdadera heredera del genio literario del Fénix de los Ingenios. Pues para el racismo también hay anécdota. Empezaré ofreciendo el titular: Lope de Vega escribió la primera obra de teatro europea protagonizada por un negro, *El negro del mejor amo, Antíobo de Cerdeña* (entre 1599 y 1603).

Una obra así es sumamente inusual para aquel tiempo si tenemos en cuenta que el «tipo del negro» había formado parte del teatro peninsular, portugués primero y luego español, como personaje secundario, como recurso dotado de todos los estereotipos que acompañarán a la presencia literaria de los africanos hasta bien entrado el siglo xx: sirvientes que hablan un español macarrónico, que por ser criados aquí se hacen los hidalgos allá, en tierra africana, y que pasan media representación queriendo cantar, bailar y tirar los trastos a otros personajes, por la supuesta belleza física y atracción erótica que se les presupone.

En la explotación teatral de este motivo, resultado de su incesante voluntad de innovar, Lope llega donde nadie antes lo había hecho: pone a un príncipe negro a protagonizar la obra, de carácter ascético y templado, que obra el milagro para convertirlo en un santo —Antíobo no aparece en santoral alguno—. La siguiente vez que Europa vea a un negro protagonizando una obra de teatro será en *Otelo: el moro de Venecia* (1603), de Shakespeare, pero como villano. Como asesino.

10

La lengua de Shakespeare
(1565[?]-1616)

Sobre el bardo de Avon se sabe incluso menos que sobre el manco de Lepanto, que ya es decir. Cualquier biografía de William Shakespeare que se precie trasciende a la no ficción; siempre habrá un punto de suposición. Son muchos los detalles de su vida que permanecen en la más absoluta oscuridad, y eso constituye una invitación a que las anécdotas proliferen.

La más peregrina es la que duda de su propia existencia. Se la conoce como teoría Marlowe, que asegura que el dramaturgo y agente secreto Christopher Marlowe no murió en 1593, justo cuando cristaliza la carrera de un Shakespeare del que Marlowe habría escrito en realidad la mayor parte de su producción literaria. La teoría se sostiene sobre la base de que para escribir lo que supuestamente escribió Shakespeare, es necesario contar con una formación de la que el bardo carecía, amén de numerosas coincidencias entre la obra de ambos autores.

Famosos valedores de esta duda razonable han sido Mark Twain, Orson Welles o Charles Chaplin, mientras The King's School (Canterbury) ofrece desde hace décadas una recompensa para quien logre demostrar de manera irrefutable la autoría de Marlowe frente a la de Shakespeare.

En los argumentos que expone esta teoría en relación al bagaje intelectual del escritor, hay algo cierto. Shakespeare, o quienquiera que escribiera su obra, manejó cerca de 29.000 palabras y expresiones, de las cuales 1.700 fueron de nueva creación en inglés, entre otras que hoy damos por sentado en cualquier idioma: *assasination* («asesinato», incluida en *Macbeth*, claro); *uncomfortable* («incómodo», en *Romeo y Julieta*); *bloody* («sangriento»); *lonely* («solitario»); *hurry* («apresurarse»); *break the ice* («romper el hielo»); *for goodness sake* («por amor de Dios»).

Quiere decirse que cuando nos referimos al inglés como «la lengua de Shakespeare», no puede haber expresión más acertada.

Shakespeare a la española

Sobre anécdotas poco fiables, recordemos la que atañe a la pronunciación de «Shakespeare» que ha corrido atribuida a diversos escritores e intelectuales. El sujeto protagonista de la misma pronuncia el apellido a la española, tal y como se lee en nuestro idioma, en el contexto de una intervención pública. La sonoridad castiza del vocablo causa la risa del público, a lo que el ponente contesta algo así como: «Vaya, creía que no sabían inglés, disculpen», o «muy bien», para a continuación proseguir el susodicho con su intervención en perfecto inglés británico hasta el final, a modo de soberbia lección vengativa.

Con una búsqueda rápida en Google se puede apreciar que la misma anécdota se ha atribuido por igual a Juan Valera, a Miguel de Unamuno y a Ramón Menéndez Pidal. Para alguno de los tres será cierta, o para ninguno.

11

Quevedo y sus chistes
(1580-1645)

La ciencia ha demostrado que Francisco de Quevedo es el autor de la historia de la literatura universal que protagoniza un mayor número de chistes y anécdotas. Se trata de un dato que no sorprende a nadie, por supuesto. No nos libramos de sus curiosidades ni en el diccionario, en el que tuvo que recogerse la palabra «quevedos» por ser las «lentes de forma circular con armadura» de las que nunca se separaba y con las que siempre le retrataron. Por más señas, él mismo fue autor de un libro de chistes.

Doctores en Filología Hispánica —María del Mar Jiménez Montalvo en su artículo «Una pequeña colección de chistes de Quevedo», por ejemplo— han documentado chascarrillos y anécdotas protagonizados por Quevedo bien arraigados en el folclore de los pueblos de España, tanto como en los de Hispanoamérica y hasta de Brasil. Claro está que esas mismas chanzas en unos sitios las protagoniza Quevedo y en otros, cualquiera de Lepe; lo cual nos da muestras de que su reputación le precede y de que mucho de lo que se cuenta de él es si acaso atribuido, cuando no falso.

Con esto en mente, hay *free tours* en Madrid dedicados por entero a contar las que liaba en la calle. Una de las mejores anécdotas, atribuida pero no confirmada, dice que Quevedo gustaba de mear en la esquina de la calle del Codo para aliviar sus cogorzas. Los guías te llevan allí para que contemples dónde caía su ilustre y etílica meada, un poco al estilo de los vídeos de TikTok en los que te descubren el mejor baño público de la capital, pero todo en plan histórico.

Acto seguido te cuentan el chiste de la señora fina que pilló al poeta en aquella esquina en plenos menesteres, el de: «¡Qué vedo!, ¡qué vedo!». Otra gracia apócrifa nacida de las malas lenguas, si acaso inspirada por la prosa satírica de sus *Gracias y desgracias del ojo del culo*. Inspiración poco concluyente, si pensamos en la afición literaria por lo soez y lo escatológico en el siglo XVII. ¡Y cuándo no en esta España nuestra!

El caso es que el propietario del inmueble, harto de encontrarse las micciones del literato mañana sí, mañana también, puso una cruz de Cristo acompañada del siguiente aviso: «Donde hay cruces no se mea». A lo que Quevedo, después de seguir a lo suyo, contestó que «donde se mea no se ponen cruces».

Otra de las habituales de estos *free tours* se cuenta pasando por la antigua calle Cantarranas, hoy confluencia de las calles de Lope de Vega con calle de Quevedo —justo a la altura del bar Quevedo, claro—. Esta sí queda confirmada por el Registro Primitivo de Aposento de 1651 y la edición del manuscrito 5.918 de la Biblioteca Nacional: Quevedo compró la casa de Luis de Góngora a su dueña para desahuciarle, aprovechando que su rival no podía pagar el alquiler.

En la silva «Alguacil del Parnaso, Gongorilla», atribuida a Quevedo, se dejó testimonio:

> *Y págalo Quevedo*
> *porque compró la casa en que vivías,*
> *molde de hacer arpías,*
> *y me ha certificado el pobre cojo*
> *que de tu habitación quedó de modo*

la casa y barrio todo,
hediendo a Polifemos estantíos,
coturnos tenebrosos y sombríos,
y con tufo tan vil de Soledades,
que para perfumarla
y desengongorarla
de vapores tan crasos,
quemó como pastillas Garcilasos:
pues era con tu vaho el aposento
sombra del sol y tósigo del viento.

El final del poema nos habla de lo que hizo Quevedo al entrar en el piso: desinfectarlo de cualquier resto culterano quemando cual incensario las obras de su respetado Garcilaso. Aunque también se cuenta y fuera lo más probable que nunca vivió allí e hizo aquello para incordiar con algo más que poemas. No todo fueron chistes.

12

Proyecto Calderón
(1600-1681)

A lo largo de dos siglos y medio, la ciudad de Madrid ha visto desfilar los restos del máximo virtuoso del teatro español hasta en seis ocasiones. En 1681, tras su fallecimiento y sepultura en la iglesia del Salvador, lugar señalado por su testamento. En 1840, en su traslado al cementerio de San Nicolás. Durante el Sexenio Revolucionario, hacia la iglesia de San Francisco el Grande, con el proyecto gubernamental de que acabara descansando en el Panteón de los Hombres Ilustres. En 1874, de vuelta a San Nicolás tras descartarse el proyecto. En 1880, cuando la Congregación de San Pedro reclamó los restos y fueron conducidos a la capilla de su sede, en la calle Torrecilla del Leal —a esta congregación perteneció el dramaturgo, fue su capellán mayor—. Y en 1902, a la nueva sede de la congregación, la iglesia de Nuestra Señora de los Dolores.

Al parecer, sus restos nunca llegaron a descansar en el mausoleo habilitado al efecto en este último templo. La hipótesis manejada señala que, por seguridad, se enterraron en otro emplazamiento del mismo menos expuesto al público: emparedado entre sus muros. Esto los habría salvado de su quema en 1936, cuando las milicias republicanas incendiaron el templo.

Ese emplazamiento seguro, de existir, no ha llegado a conocerse. El testimonio que avala la hipótesis procede de un sacerdote y testigo ocular de la inhumación en su lecho de muerte. Antes de expirar reveló las circunstancias, pero no la ubicación, al capellán mayor de la Congregación de San Pedro, quien a su vez lo plasmó en su historia oficial de la congregación, de 1964. Ochenta y cinco años después de su aparente desaparición, un equipo de investigación liderado por el profesor Pablo Sánchez Garrido acometió la búsqueda de sus restos: el Proyecto Calderón.

De esta iniciativa salió un cofre, nunca visto por el público, con la llave que abriría la arqueta funeraria —coronado con la cruz de la Orden de Santiago a la que perteneció Calderón— y un retrato del dramaturgo desconocido hasta la fecha, muy útil, dado que su auténtica apariencia todavía es objeto de debate.

La arqueta se entregó a la familia durante alguno de los actos de exhumación y traslado de los restos, probablemente en el primero de ellos, en 1841, ya que alude a un conde del Asalto que falleció siete años después. Tanto la arqueta como el retrato fueron robados durante la Guerra Civil y reintegrados a sus propietarios, la familia de Calderón, en 1939.

A este patrimonio se añade el célebre hueso de Calderón que se conserva en el Institut de Teatre (Barcelona), en una pequeña vitrina junto con un grabado en papel con el retrato de Calderón y la certificación ante notario de la autenticidad de este resto exhumado en el año 1840, todo ello puesto en un marco. De ese hueso se pensó hasta 2022, atendiendo a la información contenida en el acta notarial, que era la falange de un dedo, el metacarpiano de la mano derecha. Tras examinarlo, el informe médico dejó claro que los restos correspondían al segundo metatarsiano del pie izquierdo. Una parte mucho menos literaria, desde luego, que no permite cerrar la anécdota con algún ingenio que refiera el prodigioso uso que hizo de él Calderón dirigiendo su pluma.

Sea como fuere, el dedo que en realidad fue hueso del pie se lo dieron al cardenal Antolín Monescillo en el traslado a San Nicolás de los restos mortales del dramaturgo que se extrajeron en 1840. Con ese hueso se habrían intentado las comprobaciones de ADN en caso de encontrarse por georradar lo que resta de Calderón, pero no se halló nada en Nuestra Señora de los Dolores. Descartar hipótesis también es trabajo de la ciencia.

CONTINUARÁ...

En el momento de escribir estas líneas, el Proyecto Calderón continúa, ahora en lo que fue la iglesia del Salvador de Madrid (calle Mayor, 70) —hay probabilidad de que esté conservada en el subsuelo—. Resulta que en la exhumación de los restos de 1840 quedó una redoma de vidrio con la mayor parte de los mismos. Un equipo de arqueólogos abrirá la cripta original de Calderón para intentar encontrar esa redoma.

13

Sor Marcela de San Félix
(1605-1688)

El de Marcela de San Félix es el ejemplo más sorprendente y menos conocido del feminismo en la historia de la literatura española. Amén de una grandísima escritora, que es lo más importante. Su vida sola y el saber de su existencia constituyen para muchos anécdota suficiente.

Fue hija de Lope de Vega, fruto de su aventura extramatrimonial con la actriz —también casada— Micaela de Luján. A Marcela solo la reconoció en sus versos, donde aparece como Camila Lucinda. Fuera de su obra literaria el único reconocimiento de su paternidad fue, si acaso, tácito —todo se termina sabiendo—, pues tras su bautismo se la registró como de padres desconocidos. Sí fue reconocido por el Fénix de los Ingenios el segundo fruto de su aventura, Lope Félix (Lopito). Se dirá que el hijo, por ser varón, corrió mejor suerte que la hija. No os creáis: iba para poeta, pero no triunfó; se alistó como soldado y murió en una expedición en las costas de Venezuela.

La hija, por contra, pudo empezar peor para nuestros estándares y creencias actuales sobre lo que debe ser y hacer una mujer, en un convento, el de las Trinitarias Descalzas de San Ildefonso. Sito en el actual Madrid de los Austrias, hoy calle Lope de Vega aunque esté a una calle del domicilio de Lope, hoy su casa museo, allí también ingresó una hija de Cervantes y fue enterrado el manco de Lepanto; convento ilustre, vaya que sí. Pudo empezar peor, decía, pero acabó mejor, justo donde comenzó y no pudo destacar su hermano.

Entró en el convento para alcanzar la mejor situación y formación posibles dadas sus circunstancias: mujer e hija de padres desconocidos. A los conventos y monasterios de su tierra acudió también, dos siglos después, Emilia Pardo Bazán en busca de sabiduría, porque en la universidad no la aceptaban. Como todo escritor de cualquier periodo y lugar, sor Marcela de San Félix tuvo que trabajar —desde superiora hasta gallinera—, y luego de trabajar buscar tiempo para escribir.

Se convirtió en la gran dramaturga conventual de su época, y la única de entre todos los hijos de Lope —tuvo diecisiete de trece mujeres; matrimonios solo dos— en seguir la estela de su padre. Casi literal: el duque de Sessa, que pagó la dote para el ingreso en el convento de Marcela, sufragó también las honras fúnebres de Lope. El cortejo, a petición expresa de sor Marcela, pasó frente al convento de las Trinitarias Descalzas para que ella pudiera darle el último adiós.

14

Molière no encuentra quien le entierre
(1622-1673)

El 17 de febrero de 1673, el dramaturgo, actor y empresario Jean-Baptiste Poquelin «Molière» representaba a Orgón en la última escena de *El enfermo imaginario* cuando, presa de las convulsiones debidas a su maltrecho estado de salud, es trasladado a su casa de la calle Richelieu. Allí expiró. Casi se puede decir aquello de que murió sobre el escenario. Sin embargo, en una manifestación más aunque póstuma de lo que fue su vida, no encontró descanso hasta cuatro días después de muerto.

Nadie quería brindarle ni la extremaunción ni la inhumación supuestamente correspondiente. Los sacerdotes de su parroquia se negaron. El arzobispo de París se negó. Su mujer Armande Béjart hubo de suplicar al rey Luis XIV, quien, en una manifestación más del papel mediador que le tocó representar entre el director de teatro y ciertos sectores de la Iglesia mal avenidos hacia cualquier burla dirigida a los tipos morales execrables —los falsos devotos—, logró que fuera enterrado en camposanto el 21 de febrero, aunque de noche y con discreción.

¿Por qué tardaron tanto en darle digna sepultura? El objeto de tamaña inmisericordia fue una de sus obras cumbre, el *Tartufo*.

Molière probó ante la corte reunida en Versalles, en 1664, una versión inacabada de la obra para tantear los ánimos. La reacción fue inmediata: la reina madre, Ana de Austria; el arzobispo de París, Hardouin de Péréfixe de Beaumont; y el presidente del Parlamento, Guillaume de Lamoignon, solicitaron al rey prohibirla, y el *Tartufo* estuvo condenado cinco días después de su estreno, durante casi cinco años, a ser representado en fiestas privadas, nunca en público, bajo pena de excomunión.

Aunque pueda parecer lo contrario, Luis XIV estaba de parte del dramaturgo. Prueba de ello fue el nombramiento de Molière como titular de la sala de teatro del Palacio Real, la pensión anual de seis mil libras que le asignó y el propio nombre de su compañía, nada menos que la Compañía del Rey. Sin embargo, las relaciones Iglesia-Estado en aquella Francia finisecular —como en todas las Francias finiseculares, véase lo que ocurrió un siglo después— eran extremadamente delicadas, y los equilibrios de poder debían garantizarse con concesiones «mediáticas».

No es que Molière fuera anticlerical; tampoco se significó como el más católico de su tiempo. En la teoría era creyente; en la práctica, solo con sus pecados y un poco a su manera —los escenarios, las amantes, ya se sabe, el mundo del teatro—. Pero se mostraba sensible a la fe: bautizó a sus hijos, fue padrino de otros, mandó llamar a un sacerdote en sus últimos momentos.

Sea como fuere, tal y como se verá con Flaubert —otro francés y otra obra censurada—, lo prohibido incrementa la atracción, y para cuando se estrenó el *Tartufo* en febrero de 1669 la obra fue un éxito apabullante, batiendo récords de taquilla durante meses. Se siguió representando con Luis XV, en la Francia de la Revolución —cambiando la figura del rey por la ley—, con Napoleón, en la Restauración, y aun más de cuatrocientos años después.

Tres súplicas

Molière dirigió hasta tres súplicas a Luis XIV antes de que el monarca decidiera levantar la moratoria contra el *Tartufo*. El comienzo de la primera es digno de citarse, si no como ejemplo de valentía, pues el dramaturgo sabía que gozaba del favor del rey y podía garantizarse una cierta libertad de palabra, al menos sí como ejemplo de dignidad en las razones frente a la censura:

> Siendo como es el deber de la comedia corregir a los hombres al mismo tiempo que los divierte, pensé, dado mi oficio, que nada mejor podía hacer que atacar, ridiculizándolos, los vicios de mi siglo, y como es la hipocresía, sin duda, uno de los más frecuentes, molestos y peligrosos, se me ocurrió pensar, señor, que podría prestar un gran servicio a todas las personas honradas de vuestro reino escribiendo una comedia que criticara a los hipócritas y que mostrara al desnudo, como es menester, todos los gestos estudiados de esos hombres de bien a ultranza, toda la falta de probidad encubierta de esos fabricantes de falsa devoción, que quieren engañar a las gentes con fingida devoción y falsa caridad.

Es un grave daño el que se hace a los vicios cuando se les expone a las burlas de todo el mundo. Uno soporta fácilmente las represiones, pero no soporta las chanzas. Sobrelleva uno el ser malo, mas no el parecer ridículo.

Tartufo

15

Goethe y el hueso intermaxilar
(1749-1832)

A un escritor de corte humanista se le reconoce por su inagotable sed de conocimiento y una llamativa obsesión por querer abarcar cuanto más, mejor. No resulta fácil que se den las condiciones. Ha de escribir una obra de ficción de grandísima calidad para que su labor perdure y su nombre trascienda en la historia de la literatura; al mismo tiempo, para que trascienda como algo más que un fabuloso escritor, ha de ser todo un sabio. Y viceversa.

Pongamos el ejemplo de Johann Wolfgang von Goethe. Oportunidad que se le presentaba de aprender algo nuevo, oportunidad que aprovechaba. Residió en los bosques de Weimar gracias al mecenazgo y la invitación del duque Carlos Augusto de Sajonia-Weimar-Eisenach, y se dedicó a la botánica y la taxonomía de Linneo. Se fue a recorrer Italia, y cultivó la pintura de sus paisajes y ciudades. Coincidió con Johann Caspar Lavater durante un viaje a Zúrich, y se aficionó a la fisiognomía, el estudio de la apariencia externa —los rasgos faciales, la posición de los lunares, etc.— como definidora del carácter de la persona, toda una pseudociencia.

Es verdad que mucha de su producción científica no acabó integrando el corpus teórico de nuestra ciencia y ha quedado para mencionarla aquí a modo de anécdota: sus teorías acerca de la transformación de las plantas a partir de una «hoja primordial» (*urpflanze*); su defensa del neptunismo, la cristalización de minerales en los océanos como origen de las rocas; o su propuesta de una teoría del color opuesta a la de Newton en la que los colores son resultado de la mezcla de luz y oscuridad. Pero aportaciones rigurosas las hubo, pocas pero suficientes para tener un pequeño sitio que ocupar en la historia de la ciencia.

Fue el primero en aplicar el concepto de «morfología» a la organización de todos los seres vivos en general; sus estudios comparados rompieron barreras entre la botánica y la anatomía animal. Fruto de esta lógica de trabajo, y de la revisión de tratados médicos de la Antigüedad que se daban por superados, vino la intuición y su descubrimiento más célebre.

Sus investigaciones comparando cráneos humanos con los de otros mamíferos en busca del hueso intermaxilar, hueso que, a decir de los naturalistas y anatomistas del momento, no poseía el hombre y nos diferenciaba de los orangutanes, desmintieron esta creencia generalizada.

Si el lector toca con la lengua la parte frontal de su paladar, justo tras sus dos «palas» encontrará ese hueso de cuya existencia en el ser humano compartida con todos los mamíferos sabemos gracias al autor de *Las desventuras del joven Werther*.

16

El Napoleón escritor
(1769-1821)

Se dice de quien lee mucho que tiene más opciones de ser escritor —mera cuestión probabilística—. Nada se dice, en todo caso, de la calidad de la escritura alimentada por la lectura. Se puede ser un gran lector y un autor mediocre.

Napoleón fue un lector voraz, aficionado a la historia y las biografías desde niño. Su madre contó que apenas jugaba con sus amigos, incluso a veces prefería no comer para poder seguir leyendo, práctica a la que dio continuidad durante su formación escolar, evitando salir al patio, y militar, saltándose algunas comidas para invertir el dinero en libros o enviárselo a su madre y saldar las múltiples deudas que le dejó su padre en herencia.

Napoleón afirmó haber leído *La nueva Eloísa*, de Rousseau, a los nueve años, y dijo sobre la lectura de las grandes campañas: «Es la única forma de convertirse en un gran capitán». Sobre esta prefiguración puede concluirse que, solo en su infancia y primera juventud, Napoleón ya había leído más y mejor que la inmensa mayoría de nuestros políticos en toda su vida. Asunto aparte es el uso que hizo de su conocimiento literario e inteligencia matemática.

El gusto por la lectura se vio acompañado pronto por el de la escritura, faceta del corso que casi nadie conoce y que constituye toda una anécdota en sí misma: Napoleón fue autor, antes de cumplir los treinta y seis años, de unos sesenta ensayos, novelas cortas, piezas filosóficas, crónicas, tratados, panfletos y cartas públicas. Su epistolario personal no puede tenerse en cuenta en la ecuación —por privado—, pero la cantidad total de cartas que escribió, treinta y tres mil, dan fe de su desmedida necesidad de comunicarse por escrito.

Los temas y el estilo de sus narraciones son un trasunto de los acontecimientos de su vida política y una arquetípica representación del espíritu romántico y revolucionario de su tiempo. Henchida de patriotismo corso, de dramatismo desaforado y folclorismo, así como de conjuras, amores, crímenes y derrocamientos, su ficción es, como mucho, menor. No le fue mejor en el ensayo: como parte del dictamen del Premio de la Academia de Lyon al que se presentó y no ganó, uno de los jueces sentenció de su texto que era «demasiado poco interesante, desordenado, inconexo y mal escrito como para mantener la atención del lector».

Sí demostró brillantez en la redacción de informes militares; su precisión y tono pedagógico no tenían parangón. Y sus cartas públicas y escritos periodísticos son ejemplo excelso del arte de la oratoria. No en vano Gustave Lanson le dedicó tres páginas en su *Historia de la literatura francesa*. Con todo, Napoleón fue un escritor frustrado.

17

Las lecturas de Jane Austen
(1775-1817)

Todas las fuentes, propias y extrañas, contemporáneas y extemporáneas, coinciden en señalar lo leída que era Jane Austen. De sus cartas, tanto o más que de sus obras, se advierte el vasto conocimiento que atesoraba —sobre todo de la literatura de su época— y su prodigiosa memoria.

Nuestra autora vivió inmersa en una cierta precariedad económica casi toda su vida, un motivo de peso para que no se casara nunca. Las dificultades financieras de su familia, así como la propagación del tifus en el periodo de su formación, provocaron que pasara poco tiempo en escuelas para niñas e internados.

Resultó una suerte, dado que la mejor educación del momento no se obtenía allí —como ella misma se encargó de reflejar en su novela *Emma* (1815)—, sino de institutrices y tutores, y en casa tenían uno. Su propio padre, George Austen, rector de la parroquia de Steventon (Hampshire, Reino Unido), ejercía como tutor de varios chicos de Oxford, y su biblioteca fue el lugar donde sus hijas Jane y Cassandra lograron escapar a la limitada formación del baile, el dibujo y la costura.

Si la educación de Jane Austen procede de los libros, cabe preguntarse: ¿de qué libros? Es muy difícil saber cuáles integraron su educación en su niñez y primera juventud, dado que su padre vendió la biblioteca para costear el traslado de la familia a Bath. Sin embargo, han salido a la luz, hasta ahora, veinte libros que eran propiedad de Austen —regalos, más que compras—, todos publicados antes de 1800 y con fechas en la firma —los pocos ejemplares que van fechados— que recorren las décadas de 1780 y 1790.

Entre ellos, el más famoso de los conservados es precisamente un libro de anécdotas: *Curiosities of Literature*, de Isaac D'Israeli, padre del que fuera primer ministro del Reino Unido hasta en dos ocasiones, Benjamin Disraeli. Y es famoso, además de por la naturaleza del volumen y el hecho de que se subastó por un cuarto de millón, porque incorpora la firma de la escritora en los títulos iniciales y sus anotaciones a lápiz en nueve secciones y quince pasajes del libro, en temas que abordan asuntos que la propia Austen tratará en obras cuyos primeros borradores datan de aquel periodo, *Sentido y sensibilidad* y *Orgullo y prejuicio*.

Este último título, el más célebre, lo tomó de hecho de otro libro, el segundo del que se conservan sus anotaciones a lápiz: *Camilla. A Picture of Youth*, de Frances Burney, una novela que inspiró a su vez, y con referencias directas, *La abadía de Northanger*.

Sí es posible hacerse una idea de las lecturas que realizó en su etapa de madurez, a partir de 1809, cuando su hermano Edward Austen Knight, que fue adoptado de pequeño por una familia pudiente, heredó propiedades de su padre adoptivo y puso a disposición de su familia biológica una casa en Chawton. La escritora pudo acceder a esta biblioteca y la del propio Edward en su propiedad de Godmersham, de las que se conserva un catálogo algo posterior y unitario, aunque válido como aproximación. Allí pasó la escritora, como ella misma cuenta en sus cartas, la práctica totalidad de su tiempo, a excepción de las comidas. En esta biblioteca familiar se atesora el tercer volumen anotado por ella, *Self-Control*, de Mary Brunton.

18

Washington Irving y el arte del pseudónimo
(1783-1859)

El pseudónimo es una ocultación. Circunstancial, es decir, no buscada pero impuesta por las convenciones del momento. En literatura, los pseudónimos han sido utilizados por escritoras y periodistas mujeres durante siglos para atemperar el escándalo de que se les hubiera ocurrido hacer algo provechoso fuera de los muros de su hogar. Pero la ocultación también puede ser intencionada, las más de las veces para evitar el escarnio público.

En última instancia, aunque no con tanta frecuencia, el empleo de un alias es un enmascaramiento hecho con idea, genio y garra. En estas pocas ocasiones el pseudónimo, además de recurso, es todo un arte.

El caso de estudio más interesante del pseudónimo como arte —arte literario tanto como de la mercadotecnia— lo encontramos en el estadounidense Washington Irving, de quien volveré a hablar en el próximo capítulo, dedicado a la andaluza Cecilia Böhl de Faber. Ella también usó pseudónimo, Fernán Caballero, si bien motivada por las circunstancias.

El más célebre de los alias de Washington Irving fue Diedrich Knickerbocker, a quien no solo convirtió en firmante y narrador de parte de su obra, sino en toda una personalidad de carne y hueso, si bien ficticia, claro está. Knickerbocker pasaba por ser un historiador neoyorquino del valle del Hudson, de raíces holandesas, algo rudo y contestón. Apareció por primera vez como protagonista de su propia desaparición en el *Evening Post*. En el diario se advertía de que un caballero anciano, de baja estatura y ropa oscura llamado Knickerbocker, que solía hospedarse en el hotel Columbia, se hallaba en paradero desconocido. Se pedía a los lectores que colaboraran en su búsqueda mientras, semana tras semana, el diario iba dando el parte de los avances. Incluso se llegó a ofrecer una recompensa para quien diera con él.

Semanas después de iniciarse la búsqueda, Irving publica su primera novela, *A History of New York from the Beginning of the World to the End of the Dutch Dynasty* (1809). Pero quien la firma, y figura por tanto como autor, es el desaparecido Diedrich Knickerbocker.

Dada la expectación generada por el personaje, el libro fue todo un éxito de ventas. Además, el nombre de su supuesto autor terminó por trascender en la cultura norteamericana. Hoy se conoce como *knickers* el tipo de pantalones largos que solía vestir, holgados a la altura de la rodilla, similares al pantalón clásico de golfista. También empezó a emplearse para denominar a los habitantes de Manhattan, *knickerbockers*, a modo de simpático gentilicio. Y acabó utilizándose para dar nombre al equipo de la NBA de la ciudad, los Knicks.

Bendecido por George Washington

Que la ciudad de Nueva York adoptara de tan buen grado el pseudónimo de Irving, genio literario y artimañas publicitarias aparte, también tuvo que ver con el cariño que la urbe profesaba al escritor que vio nacer justo la misma semana que sus habitantes se enteraban del alto el fuego británico con que se dio fin a la Revolución de las Trece Colonias.

Su nombre y los motivos del mismo no pueden ser más patrióticos: su madre se lo puso por el padre fundador de la nación, George Washington, a quien un Washington Irving niño llegó a conocer con seis años y del que recibió la bendición. George Bernard Butler Jr. pintó un cuadro para inmortalizar el momento. Está colgado en la casa museo del escritor, a las afueras del pueblo de Tarrytown, en el valle del Hudson, de donde era Diedrich Knickerbocker.

19

Böhl de Faber y Estados Unidos
(1796-1877)

La visita que Cecilia Böhl de Faber recibió del escritor estadounidense Washington Irving en Dos Hermanas (Sevilla) es uno de los lugares comunes de los anecdotarios de escritores y figura siempre como el gran hito de la autora andaluza. Sin embargo, una lectura algo más detallada y profunda de los eventos que jalonaron la vida de la escritora hace surgir un buen puñado de pequeñas curiosidades que podrían, bien normalizar la efeméride, bien acabar por dar la vuelta al suceso y poner la sorpresa de parte de Irving. No es que la española tuviera el privilegio de conocer al estadounidense, sino que el estadounidense tuvo el privilegio de conocer a la española.

Para empezar, la formación de Cecilia, máxime para una mujer de una época poco acostumbrada a estas personalidades femeninas, fue de órdago gracias al legado cultural familiar. Su padre, Juan Nicolás Böhl de Faber —ese «alemán de origen, pero español de alma», en palabras de Marcelino Menéndez Pelayo—, era, además de comerciante, un gran conocedor de nuestras letras. Lo atestiguan obras como *Floresta de rimas antiguas castellanas* y *Teatro anterior a Lope de Vega*. Para 1820 había sido admitido en la Real Academia Española.

Su madre, Francisca Javiera Ruiz de Larrea y Aherán Moloney —*aka* doña Frasquita—, recibió la mejor educación posible en Inglaterra y Francia, fue traductora de Byron y una gran estudiosa de nuestro Siglo de Oro. Además, organizaba una de las tertulias literarias más admiradas del momento, con las que ayudó a traer el romanticismo a España, todo un atrevimiento para el carácter conservador de la familia, que la propia Frasquita compartía, y que llevó a su hija Cecilia a adoptar el pseudónimo de Fernán Caballero para sus escritos.

Para cuando Irving viene a España y coincide con Cecilia en las Navidades de 1828, durante la representación de la ópera *Il crociato in Egitto*, de Meyerbeer y Rossi, se causan una impresión mutua indeleble por sus numerosos intereses compartidos: el folclore, el registro de los testimonios populares, el detalle con el que gustan de describir...

Irving, como queda atestiguado en sus diarios, quedó impresionado por la vasta cultura de Cecilia, y volverán a encontrarse en Dos Hermanas, haciéndose notar la influencia y fascinación que ejerce Böhl de Faber en el estadounidense hasta el punto de que llegará a tomar diecisiete páginas de apuntes sobre la novela *La familia de Alvareda*. Se trataba de un relato popular de asesinatos y bandoleros, basado en hechos reales, que a Cecilia le llegó a su vez, lo más probable, a través de su capataz Francisco Sánchez, hombre de confianza de su segundo marido —le legó mil reales en su testamento—. Las notas de Irving se conservan en la Universidad de Yale bajo el título *La villa de las Dos Hermanas*.

Con todo, Irving no fue el único en descubrir en Böhl de Faber la gran autora que era, y la andaluza resonó por méritos propios y con enorme fuerza para los estándares de entonces —y también para los de ahora— en el panorama internacional. Böhl de Faber fue la primera, de entre todos los escritores españoles, en recibir la atención de la prensa generalista norteamericana. En esto se adelantó a Galdós. *The New York Times* publicó entero uno de sus cuentos en 1970. Pero es que veinte años antes había sido también la primera en pasar a la lista de autores españoles traducidos en Inglaterra y Estados Unidos con la novela que tanto gustó a Irving, *La familia de Alvareda*.

20

Shelley: un monstruo tras otro
(1797-1851)

La vida entera de Mary Shelley fue un dechado de dramas y controversias, y no solo en sentido literario. Para empezar, creció sin su madre. La novelista y filósofa Mary Wollstonecraft, destacada figura del feminismo clásico —cerró la primera gran ola del movimiento en 1792 con la publicación de *Vindicación de los derechos de la mujer*—, murió de una septicemia diez días después de dar a luz. Mary fue su segunda hija. La primera, Claire Clairmont, fue fruto de una relación extramatrimonial.

En 1814, una Mary de dieciséis años quedó encinta del poeta Percy Bysshe Shelley, a la sazón casado con otra mujer, Harriet Shelley, embarazada por más señas. Harriet dará a luz a su hijo mientras su marido huye del escándalo y recorre Europa con Mary y su hermanastra Claire en un triángulo amoroso solo reservado a los más bohemios del siglo XIX, y aun del XXI. Eran unos adelantados a su tiempo, pero también al nuestro. Mary perdió a su hija —prematura—, y la humillada y abandonada Harriet se suicidó. Se tiró a un lago de Hyde Park embarazada de un oficial con el que al parecer quiso olvidar el despecho.

En 1816, en parte con la intención de disipar las penas de Mary, en parte para corresponder a la invitación de Lord Byron, con el que ahora se junta Claire y van a tener un hijo, viajan todos a la

Villa Diodati (Cologny, Ginebra, Suiza), célebre por su fastuosidad y porque albergó antes a Voltaire, a Rousseau y a Milton. A esta reunión de artistas acudirá también el médico personal de Byron y escritor en ciernes, doctor John W. Polidori. La intención es pasar unos días de recreo acompañados del amigable clima suizo, pero, como si de un giro de guion terrorífico se tratase, estalla el volcán Tambora (Indonesia) y el tiempo se agria con tormentas de tal magnitud que el grupo queda recluido en la mansión.

Byron lanza entonces el reto de que cada uno de ellos escriba una historia sobrenatural y después sea leída a los demás. En el contexto del que luego se conocerá como «el año sin verano», de la devastación causada por las guerras napoleónicas, de la fascinación experimentada por los avances médicos y quirúrgicos, y del acicate del explosivo cóctel de sexo, alcohol y láudano nacieron dos monstruos más. Donde ni Byron, ni Percy, ni Claire cumplieron con el desafío literario, Polidori presentó los mimbres de lo que más tarde sería *El vampiro* (1819), relato mínimo de las máximas consecuencias para la conformación de las pesadillas populares contemporáneas, y Mary Shelley concibió lo que en 1818 será publicado como *Frankenstein o el moderno Prometeo*, una historia de cadáveres, electricidad y errados intentos de insuflar vida.

Qué peligrosa es la adquisición de conocimientos, y cuánto más feliz es el hombre que cree que su pueblo natal es el mundo, que aquel que ambiciona conseguir una grandeza mayor que la que su naturaleza le permite.

Frankenstein o El moderno Prometeo

21

El Evangelio según Balzac
(1799-1850)

Una mayoría de personas con cualquier tipo de relación con las letras, siempre y cuando las amen, dependen del café para vivir. Escritores, lectores, profesores y estudiantes huelen, filtran, calientan, recalientan, saborean, degustan, compran y hasta beben café para mantenerse en pie, porque cada minuto que uno se mantiene en pie es una posibilidad de renovar el compromiso adquirido, ineludible y vitalicio con la literatura y escribir o leer una página más.

Quiere decirse que beber café, en relación con la literatura, no siempre es un acto del *connaisseur*. De hecho, por lo general, es un condicionante para leer más y mejor. Esto lo sabía muy bien Honoré de Balzac, que bebía hasta cincuenta tazas de café al día para mantenerse a tono para escribir. Como sabía también, como sabe todo adicto a este elixir, que la productiva y fecunda misión del café tiene sus límites, ya que sus efectos vigorizantes se van diluyendo con el tiempo, conforme el cuerpo se acostumbra a tomarlo.

Tanto y tan bien conocía esta diatriba que rodea al café que, además de crear su propia mezcla —«Honoré de Balzac, Paris 1839», casi un *eau de parfum* para Navidad—, se salta la lógica de su *Tratado de excitantes modernos* (1839) en el tratamiento que da al brebaje.

Balzac dedicó este brevísimo ensayo a alertar de los peligros de cinco sustancias que creemos inofensivas —alcohol, azúcar, té, café y tabaco—, pero que consideraba que podrían llegar a tener graves consecuencias para el mundo. No le faltó razón en cuanto a su incidencia en la economía y la articulación de grandes grupos de poder con influencia global.

Lejos de abundar en el tono alarmista que despliega para el resto, hace la excepción con el café; si se bebe café se defiende su consumo a toda costa. Se contradice a sí mismo —sin la contradicción la genialidad de Balzac sería menor—, y la emprende con una serie de consejos para que el adicto pueda seguir insuflando ánimos en el organismo a base de cafeína:

> Como esta ciencia es altamente necesaria para muchas personas, no podemos dejar de describir aquí la manera de obtener de ella valiosos beneficios. ¡Ustedes, ilustres luminarias humanas, que se consumen por la cabeza, acérquense y escuchen el Evangelio de la vigilia y del trabajo intelectual!

Balzac nos presenta una enumeración de prácticas a modo de manual de autoayuda que, como todo buen autor de autoayuda, ha experimentado en sus propias carnes para comprobar su valía: desde el clásico duplicado del número de tazas, hasta el café molido a la turca —«en materia de instrumentos mecánicos destinados a la explotación de los placeres, los orientales son muy superiores a los europeos»— o la preparación de la misma o mayor cantidad de café infusionado con menos cantidad de agua, pero agua fría.

Y la más extrema de todas las medidas —«un método terrible y cruel»—, solo apta para «hombres dotados de excesivo vigor, de cabellos negros y duros, de piel ocre-rojiza, manos cuadradas, piernas en forma de balaustradas como las de la place Louis XV» —hombres como Balzac, se entiende—: la ingesta de café sin agua y en ayunas.

La narración que sigue a este método, acerca del estado de excitación en que pone al consumidor, la dieta a seguir para recuperarse de la experiencia, sus nefastas consecuencias para las naturalezas débiles, pero sobre todo los excelentes resultados que procura al escritor es mejor leérsela a Balzac. Y hacerlo con una buena taza de café.

22

Pushkin y el lápiz rojo del zar
(1799-1837)

Lo esencial acerca de Aleksandr Pushkin es rotundo y claro: se trata del máximo exponente de la Edad de Oro de las letras rusas y la expresión literaria por antonomasia del ardor nacional del pueblo ruso, el «Shakespeare de Rusia». Lo que no está tan claro, o no se puede presentar con igual rotundidad, son sus ideas políticas, que rebotaron en el liberalismo o en el conservadurismo según el tipo de muro con que se fueran encontrando. Con Alejandro I, el tímido ambiente liberal instaurado se traslada a los primeros trabajos del escritor, mientras que con Nicolás I y sus férreas restricciones, sus obras toman prudentes rumbos hacia el conservadurismo.

Estos vaivenes a tenor de los tiempos hacen gala de esa máxima con que Scott Fitzgerald gustaba de definir a los artistas: «Un artista es un tipo que puede tener dos opiniones fundamentalmente opuestas al mismo tiempo y, a pesar de ello, seguir funcionando» —solo que aquí se cita, curioso paralelismo, como lo hace Le Carré para referirse a los espías en *El topo*.

La evolución y mezcolanza de ideas en Pushkin trataba básicamente de esto, de seguir funcionando. Para expresarse había que evitar la censura, y para evitar la censura, o tenerla de parte de uno, había que pensar bien qué se expresaba y cómo se expresaba. Solo si se entiende esta lógica se comprende lo extravagante de la anécdota: que Pushkin trabajaba mano a mano con la censura para preparar el resultado final de sus obras, con el objetivo de que estas —y su prestigio— corrieran el menor riesgo posible de ser alteradas de manera drástica por terceros.

No hay mejor ejemplo de esta conveniente e inteligente jugada que el de su gran obra dramática, *Borís Godunov*. Trabajó con Piotr Pletnev y Vasili Zhukovski —el poeta ruso más conocido de su época y el más desconocido en la nuestra— en el borrador final, a sabiendas de que, siendo también escritores y gracias a sus buenas relaciones y contactos con la corte del zar, poseían la sensibilidad del término medio que otorgaba conocer las exigencias de ambas partes. Zhukovski ya había intervenido a favor de Pushkin actuando de «supervisor literario» del registro policial de su domicilio con objeto de encontrar y destruir el manuscrito de *Exegi monumentum*, en el que se mencionaba al zar Alejandro. Zhukovski salvó el poema más conocido de Pushkin sustituyendo el nombre del zar por el de Napoleón en el caos del registro.

Volviendo a *Borís Godunov*, según testimonio de Pletnev, el mismísimo Nicolás señaló con un lápiz rojo los pasajes que no podían ser publicados o reproducidos en escena. También sugirió como opción convertir el texto a la narrativa —a la manera de las novelas históricas de Walter Scott—, y devolvió la obra para su modificación antes de pasar por la censura oficial, comandada por Aleksandr Benckendorff y el agente político Faddéi Bulgarin.

Ambos hicieron lo imposible por hundir la reputación tanto de Zhukovski como de Pushkin. Solo la orden de detención contra Benckendorff gracias a la intervención final de Nicolás I, a quien convenía atesorar a Pushkin como un símbolo cercano a su reinado tras los derroteros que había tomado Rusia después de la Revolución Decembrista, autorizó al tercer intento un *Borís Godunov* a gusto del zar, y suponemos que también de Pushkin, porque en su caso, o a gusto de todos, o de nadie.

23

Victor Hugo se sienta a trabajar
(1802-1885)

En todo mito reside tanto una ficción como una verdad de fondo. En el mito acerca de la inspiración que necesita un artista para crear hay una verdad como una casa, y es que esta, en mayor o menor grado, es necesaria. Hay que estar inspirado, sí. Pero en este axioma hay también una ficción no menos grande: creer que dicha inspiración llega sola, por ciencia infusa, que es divina, sobrenatural, etc.

No niego la posibilidad del milagro o del momento eureka. Pero pongamos que estos ocurren en un 1 por ciento de las ocasiones, y hay que dejar por lo menos un 9 por ciento de margen para la inspiración —a veces expiración— alcanzada a base de alcohol y drogas —esto es también la historia del arte—. Así que al final nos quedamos con que un 90 por ciento de las veces, para inspirarse y crear, es preciso sentarse a pensar.

Es lo que hacen la mayor parte de los escritores de todos los tiempos. Se sientan, piensan, escriben; así durante horas; al día siguiente y al otro. En definitiva, trabajan o se obligan a trabajar. Algunos deben recurrir a las excentricidades con este fin. Victor Hugo prometió a su editor, Charles Gosselin, tener escrita *Nuestra Señora de París* en el periodo de un año; eso en el verano de 1829.

Sin embargo, 365 días de cenas, tertulias, reuniones, fiestas y conciertos después, Hugo no tenía nada que mostrar.

En el verano de 1830 Gosselin le concedió una prórroga de seis meses. El libro debía estar terminado para febrero de 1831. Como no se esperaba el 1 por ciento del milagro del que hablábamos, y el 9 por ciento correspondiente al divertimento no había funcionado, el escritor echó mano del método más seguro: encerrarse a escribir.

Los hechos que siguen no aparecen en ninguna edición crítica de la novela, y solo son mencionados de pasada por Graham Robb en *Victor Hugo: A Biography*. Hay mucho de incierto y de leyenda, pero todo es más que probable visto el resultado: Hugo dio a su criado sus ropas de calle para que las confiscara y no pudiera abandonar su refugio hasta el cumplimiento de su objetivo diario —de ahí que se diga que escribía desnudo—; amuebló su habitación de trabajo de manera que las distracciones fueran imposibles —paredes en gris, sofás y silla de trabajo incómodos para no ceder al descanso y la divagación—; y cambió el suelo de la estancia para que crujiera a cada paso.

A partir de septiembre de 1830 el escritor puso fin a su afán procrastinador, y para el 15 de enero de 1831, dos semanas antes de finalizar el plazo, tenía escrita una más de sus inmortales novelas. Nueve libros en dos volúmenes publicados en marzo de 1831 que, sin embargo, por el afán de perfección tras las prisas, no vieron su edición íntegra hasta la octava, en diciembre de 1832.

24

Dumas padre, Dumas hijo
(1802-1870)

No fue hasta 2012, con la publicación de las investigaciones recogidas en *El conde negro* por el periodista Tom Reiss, y la resonancia internacional que alcanzó el volumen un año después al recibir el Premio Pulitzer de Biografía, que el mundo se enteró al fin de la enorme influencia que tuvo el padre de Alexandre Dumas en su vida y obra.

Thomas-Alexandre Dumas (1762-1806) tuvo al menos cuatro nombres: Thomas-Alexandre Davy de la Pailleterie, Alex Dumas, Horacio Cocles del Tirol y el Demonio Negro. Los dos últimos se debieron a su valentía y hazañas bélicas con Napoleón: el de Horacio Cocles se lo puso el corso cuando ambos eran todavía revolucionarios, en recuerdo de aquel legendario romano que salvó Roma cuando impidió que los etruscos cruzaran el Tíber por el puente Sublicio; el apelativo de Demonio Negro vino de los austriacos a los que impidió que cruzaran el Adigio en enero de 1797. ¿Y por qué negro? Porque Dumas padre era mulato. Fue el segundo general europeo negro de la historia.

Así se explican los otros dos nombres: los apellidos Davy de la Pailleterie por los de su padre, el marqués Alexandre-Antoine Davy de la Pailleterie, afincado en Santo Domingo. El de Dumas, que finalmente adoptó en sustitución de los apellidos del padre, por su madre Marie-Cessette Dumas, una esclava negra. Él mismo pasó una temporada como esclavo vendido por su propio padre.

La impronta de Dumas padre sobre su hijo se hizo notar, en primer e ineludible lugar, en su ascendencia mulata, que aunque era menor que la de aquel, le causó mayores estragos: Balzac lo llamaba «ese negro»; los críticos del momento lo atacaron sin piedad por su origen tropical; las caricaturas de la época eran burlescas... En un ejemplo extremo de segregacionismo, sus obras no se incluyeron en la Biblioteca de la Pléiade, ni sus restos fueron trasladados al Panteón de París hasta el año 2002, ciento treinta y dos después de su muerte, cuando el presidente Jacques Chirac decidió reparar la injusticia.

Donde con mayor fuerza aunque menor fama se hizo notar esta influencia fue en su novela *George*, protagonizada por un joven mulato que se instala en París, gana fama como espadachín y regresa a su isla para vengarse. Y donde con menor fuerza pero mayor fama y más memorablemente se hizo patente fue en sus dos obras cumbre: *Los tres mosqueteros* y *El conde de Montecristo*.

En la primera, su heroísmo, virilidad y fama de hombre fuerte —se cuenta la exageración de que fue el soldado más fuerte del ejército francés, capaz de agarrarse a una viga y levantarse junto con el caballo que montaba— se trasladaron a numerosos sucesos protagonizados por D'Artagnan, como el duelo contra Porthos, Athos y Aramis que termina en el famoso: «¡Todos para uno y uno para todos!». Al parecer, Thomas-Alexandre Dumas se batió en un solo día tres veces en duelo, y salió victorioso de los tres; como cabo, apresó a doce soldados enemigos y en otra ocasión venció a cuarenta ayudado tan solo por cuatro jinetes aliados.

Siempre iba a la cabeza de sus tropas. A los treinta y un años ya era general y se le consideraba uno de los mejores soldados del mundo.

En la segunda, porque el mismo conde de Montecristo es, en verdad, el padre de Dumas. Como Edmundo Dantès, fue encarcelado a traición, víctima de una conspiración pergeñada por los republicanos, Napoleón entre ellos, a su regreso de la campaña de Egipto. Sus congéneres lucharon por la libertad, la igualdad y la fraternidad, pero solo para terminar sometiendo al mundo, un propósito que Alex Dumas no podía compartir.

El maltrato continuo al que estuvo sometido durante sus dos años de cautiverio le causó tales estragos que a los cinco años de su liberación murió de una úlcera de estómago. Dumas niño contaba con apenas cuatro años, pero la tragedia del padre no fue olvidada, sino más bien vengada en las páginas inmortales de los clásicos de la literatura. Las de Montecristo y las de todas las obras que siguieron la estela de su leyenda.

El primer general negro

Una de esas coincidencias improbables, pero posibles en el marco de los azares de la historia, hizo que el primer general negro de una nación europea también estuviera emparentado con un grande de la literatura. Abram Gannibal fue un príncipe africano que como Alex Dumas sufrió el infortunio de ser tomado como esclavo, en su caso por los otomanos. Acabó en la Rusia de Pedro I el Grande y, como Dumas con Napoleón, fue aupado por el zar y por sus méritos a general de división y gobernador de Tallin. Se trata del bisabuelo de Aleksandr Pushkin.

Así como es necesaria la presión para hacer estallar la pólvora, así el infortunio es necesario también para descubrir ciertas minas misteriosas ocultas en la inteligencia humana.

El conde de Montecristo

25

El confinamiento de Nathaniel Hawthorne (1804-1864)

Sobre Nathaniel Hawthorne, al que conoceréis por *La letra escarlata* (1850), han escrito muchos grandes de la literatura. Para Paul Auster, Hawthorne fue «probablemente el primer escritor que tuvo América»; lo dice en *La trilogía de Nueva York*, novela que me descubrió esta anécdota y donde Auster se explaya en extraordinarias referencias metaliterarias de este escritor gótico, sombrío y soñador. El protagonismo de Fanshawe no es casual; tampoco las referencias a *Wakefield* (1835).

En esencia concuerda con esta precisión histórica Jorge Luis Borges, en quien tanto influyó Hawthorne:

> Algo anteriores en el tiempo hay otros escritores americanos —Fenimore Cooper, una suerte de Eduardo Gutiérrez infinitamente inferior a Eduardo Gutiérrez; Washington Irving, urdidor de agradables españoladas—, pero podemos olvidarlos sin riesgo.

Más joven y muy distinto a Hawthorne, pero coetáneos y ambos genios supinos de la literatura, Henry James fue el primero en biografiarle. Por su parte, Herman Melville —los dos trabajaron como aduaneros— le dedicó su *Moby Dick*, «en homenaje a su genio».

Nathaniel Hawthorne se merece todos los halagos, aunque solo fuera por el método que se autoimpuso para fraguar el tono solitario y sombrío de sus obras y llegar a ser conocido por el gran público. Reíros de Victor Hugo y del confinamiento parcial de cuatro meses que ya os he contado en otro capítulo: tras cursar sus estudios universitarios, Hawthorne volvió a casa y se recluyó durante doce años en el ático para leer y escribir.

A su amigo, el poeta Henry Wadsworth Longfellow, le escribió en 1837, año en que su encierro llegaba a término:

> Me he recluido; sin el menor propósito de hacerlo, sin la menor sospecha de que eso iba a ocurrirme. Me he convertido en un prisionero, me he encerrado en un calabozo, y ahora ya no doy con la llave, y aunque estuviera abierta la puerta, casi me daría miedo salir.

Con un carácter y una obra como la suya, fruto en buena medida de esa oscura reclusión, cuesta creer que Hawthorne tuviera algún tipo de vida personal. Pero no solo llegó a contraer matrimonio con la pintora Sophia Peabody, sino que tuvo tres hijos con ella. Ahora bien, su hijo Julian —a la sazón periodista, y escritor como su padre— fue el primero después de leer la obra de su progenitor en advertir que padre y escritor eran dos personas distintas. Menos mal.

La cabaña de Thoreau

Otro que se aisló para escribir fue Henry David Thoreau. Fue vecino de Hawthorne; también de Ralph Waldo Emerson, quien le ayudó a levantar la pequeña cabaña —tres metros de ancho por cuatro de largo— en la que pasó dos años, dos meses y dos días en relativo aislamiento, puesto que recibió las visitas ocasionales de amigos y admiradores. Se ubicó justo al lado del lago de Walden Pond que dio nombre a uno de los libros de no ficción más famosos de la historia, *Walden* (1854). En él contó su experiencia en comunión con la naturaleza y libre de cigarrillos, alcoholes y bebidas excitantes como el té o el café.

26
Los cuentos de Andersen
(1805-1875)

Hans Christian Andersen escribió un total de 157 cuentos para niños. Algunas de estas creaciones han alcanzado tal nivel de celebridad y difusión en el siglo y medio que ha transcurrido desde su publicación, que sus historias se han fusionado con la cultura popular hasta ganar vida propia y funcionar al margen de su autoría. Todos los niños, jóvenes y padres de esos niños y jóvenes conocen cuentos como *El patito feo*, *Pulgarcita*, *La sirenita*, *El soldadito de plomo*, *El traje nuevo del emperador*, al mismo tiempo que pocos o ninguno de esos mismos niños, jóvenes y padres de esos niños y jóvenes saben que fueron obras de Andersen.

Con razón de la misma celebridad que le concedieron sus relatos, son también pocos los que conocen el resto de una obra literaria muy nutrida por géneros que nada tienen que ver con el cuento infantil, compuesta de novelas, obras de teatro, poemas, diarios de viajes, artículos de no ficción... También su autobiografía *El cuento de mi vida* (1855), cuyo título ofrece la suficiente referencia para intuir lo que se termina de descubrir con su lectura. Que sus cuentos para niños son, en buena medida, reflejo de su vida, pero sobre todo de sus heridas.

El propio Andersen dio pistas de ello antes de escribir este volumen. En una entrevista con el periodista y crítico literario Georg Brandes se le pregunta si tiene pensado escribir unas memorias o dejar testimonio de su biografía, y el autor le responde que ya las ha escrito en *El patito feo*.

En este cuento, en el que un cisne que nace entre patos es ridiculizado por su diferencia, Andersen nos hablaría de su origen humilde, marcado por el estigma de la pobreza y la mendicidad, su sentido de la marginación al no encontrar su lugar en el mundo, y su epifanía tras años de angustia. No fue el único relato en el que dejó pistas de su vida.

En *La pequeña cerillera* están presentes la soledad y la autocompasión que le causan los esfuerzos sobrehumanos de su madre por mantener a la familia siendo una lavandera analfabeta, y la pena por la muerte de su padre, un zapatero que falleció cuando Andersen tenía once años. Al margen de las burlas que pudo recibir por sus orígenes y su aspecto físico, las recibió mucho más duras cuando intentó una carrera como actor y cantante de ópera. Al final su talento —el hermoso cisne de *El patito feo*— se reveló en la escritura, pero los desprecios quedaron patentes en *El ruiseñor* y *El soldadito de plomo*, en los que las adversidades empañan buena parte de la narración.

Quiere decirse que, en muchos sentidos, Andersen escapó de las crueldades de la vida sirviéndose de la fantasía. Oportunidad evasiva de la realidad que, de hecho, brindó a generaciones de lectores posteriores a través de su obra, pero que también desarrolló para sí mismo. La negativa de Andersen a aceptar sus orígenes le llevó a fantasear con la idea de que era hijo ilegítimo —no reconocido, vilipendiado y abandonado con una familia pobre para enterrar el escándalo— del príncipe Christian Frederik, luego Cristián VIII como rey de Dinamarca. Una quimera que su posterior ascenso como escritor de fama y su conexión con la familia real danesa, a través de eventos a los que era invitado para complacer a los mecenas del momento, hicieron que las malas lenguas se plantearan su veracidad. Por supuesto, no era más que otro cuento.

Recordaba las vejaciones y persecuciones de que había sido objeto, y he aquí que ahora decían que era la más hermosa entre las aves hermosas del mundo. Hasta las lilas bajaron sus ramas a su encuentro, y el sol brilló, tibio y suave. Crujieron entonces sus plumas, irguiose su esbelto cuello y, rebosante el corazón, exclamó: «¡Cómo podía soñar tanta felicidad, cuando no era más que un patito feo!».

El patito feo

27

La fraudulenta muerte de Edgar Allan Poe
(1809-1849)

Morirse pobre es una constante en la historia del arte. Solo en casos muy contados pintar, esculpir, componer o escribir da para sobrevivir, ya no digamos para vivir, por lo que en principio el óbito de Edgar Allan Poe por tuberculosis no pasaría sino por un caso más de penuria económica y escasa salubridad derivada de su condición de escritor.

Que muriera de tuberculosis ofrece poco comentario para finales del xix, cuando más del 70 por ciento de los europeos y norteamericanos estaban tocados por el bacilo de esta enfermedad; también John Keats y al menos dos de las hermanas Brontë sucumbieron a ella. La propia esposa de Poe, su prima Virginia Clemm —él tenía veintisiete, ella trece años cuando se casaron—, falleció de esta infección.

Que muriera en la indigencia, incluso si su suerte estaba a punto de cambiar —en lo profesional con un puesto de editor de poesía en Filadelfia; en lo sentimental recuperando a un antiguo amor, Elmira Royster Shelton—, ofrecería menos comentario todavía si no fuese porque una de las hipótesis sobre las circunstancias que habrían desencadenado la muerte de Poe por agravamiento de la tuberculosis que padecía fuera el fraude electoral, tal como plantea su biógrafo Mark Dawdziak.

No el cometido por el escritor por propia voluntad, sino el que le habrían obligado a cometer como parte de la práctica del *cooping*: el secuestro temporal de vagabundos a los que se confinaba y se suministraba alcohol y drogas para manejarlos a voluntad y hacerlos votar por el candidato de los perpetradores en un mismo o distintos colegios electorales con diferentes identidades. Maryland carecía de un sistema de registro y solo era necesario confirmar la identidad mediante testimonio de un ciudadano local.

Poe llevaba días desaparecido desde que iniciara su viaje a Filadelfia desde Richmond para ocupar su nuevo empleo de editor. Debía pasar por Baltimore, pues desde allí cogería el tren a Filadelfia. El impresor Joseph Walker reconoció al escritor —la fama nacional entre la gente de letras le precedía tras la publicación de *El cuervo*— a las puertas del pub Gunner's Hall, que aunque nos parezca raro también funcionaba como colegio electoral, semiinconsciente y vestido con andrajos que no eran suyos, en un estado deplorable que le llevaría días más tarde a morir ingresado.

Este excéntrico crimen ayuda a resolver el misterio, el de una muerte sobre la que se han lanzado durante casi doscientos años incontables teorías o falsas anécdotas que tras la investigación de Dawidziak quedarán descartadas. No recibió la paliza de los hermanos de la mujer con la que esperaba casarse, ya que no constan lesiones corporales en el informe del hospital. No se envenenó con el gas carbón emitido por la luz del hogar porque no se encontraron restos de metales pesados en los cabellos guardados tras su muerte. No murió de rabia contagiada por los gatos, a los que adoraba; los síntomas de su deteriorado estado de salud no eran coincidentes con esta enfermedad. Tampoco se suicidó, pues su vida, justo en el momento de perecer, albergaba las mejores perspectivas de futuro. Una historia macabra digna de su literatura.

28

Gógol pirómano
(1809-1852)

El recorrido literario más habitual con Nikolái Gógol y, en definitiva, casi lo único que se lee del sensacional escritor ruso es *El capote* —con lo genial extravagante gótico al final de la novela—, *La nariz* —una genial extravagancia de principio a fin— y *Almas muertas*, su gran e inconclusa novela. De esta última, destinada a ser el tocho que avala a todo escritor ruso, porque es bien sabido que un escritor ruso que no ha escrito un ladrillo de cerca de mil páginas no es un escritor ruso, conservamos tan solo su primera parte, publicada en origen con un título distinto: *Las aventuras de Chíchikov o las almas muertas* (1842); como las almas son inmortales, la censura consideró que las incongruencias creativas mejor para el subtítulo.

También nos han quedado cinco capítulos de la segunda parte, los mismos que leyó Tolstói cuando dice en sus *Diarios*: «Leí la segunda parte de *Almas muertas*, insípido». Estos capítulos no son más que un borrador, en cualquier caso, si bien hoy algunas editoriales los publican convertidos en apéndices de la primera parte.

Es para que el propio Gógol se revuelva en su tumba: nada le habría gustado más que publicar las dos partes que habrían completado «la *Divina comedia* de la estepa», como las denomina el escritor y editor Giorgio Van Straten. Pero si no terminó ni la segunda —o la terminó, o casi, pero la desechó por completo, como ahora veremos— fue precisamente por su desmesurado afán de perfección, un tanto de egolatría, otro del «qué dirán» y la necesidad de acabar de golpe, con aquel gesto abrasador, con toda esa rémora de sentimientos maniacos y aspiraciones obsesionantes.

Gógol era muy susceptible a las críticas. A los dieciocho años, tras conocer el parecer negativo hacia un poema publicado en una revista local, compró los ejemplares restantes para quemarlos todos. La decepción actuó de modo distinto, aunque con idéntico resultado, en el caso de *Almas muertas*. La primera parte tuvo un éxito tremendo, y su miedo a decepcionar con la segunda y no alcanzar la inmortalidad literaria lo llevó a la exasperación. Quemó el manuscrito ante su criado, como él mismo nos ha contado. Gógol presenció la cremación de sus quinientas páginas, una media hora. Luego se echó a llorar.

29

Dickens se revuelve en su tumba
(1812-1870)

En un contradictorio giro de los acontecimientos que viene a demostrar que la vida y la obra de un autor no siempre van de la mano —o no son directamente proporcionales— tenemos, de una parte, a Arthur Conan Doyle, que creía en el espiritismo y lo practicaba, pero que nunca dio cancha a los fenómenos paranormales en el desarrollo de su más célebre personaje. ¿Os imagináis a Sherlock Holmes procediendo mediante adivinación y ciencia infusa? De otra, tenemos a su coetáneo Charles Dickens, cuya obra más conocida, *Canción de Navidad*, es una historia de fantasmas, pero, por contra, nunca dio pábulo al espiritismo más allá de su interés en explotar sus motivos como escritor, y disfrutar de su lectura como ficción, ya que creció leyendo los folletines escabrosos de *The Terrific Register*.

Cosa distinta es que Dickens fuera hijo de su tiempo. Un tiempo en el que el mesmerismo y la hipnosis despertaban pasiones. Fue fiel simpatizante del primero y ducho practicante de la segunda, siempre amparado por las capacidades terapéuticas que se les suponían y la base científica con que se les dotó en su momento y que las distanciaron —digo, también en su momento— de la arbitrariedad de la parapsicología, de la que abjuró.

Por eso, cuando el editor Thomas Power James publicó póstuma y acabada su inacabada *El misterio de Edwin Drood* con el argumento de que Dickens se la había dictado desde el más allá, podemos suponer que el escritor se revolvió en su tumba.

Esta edición espuria contó con prefacios tanto del médium —el propio T. P. James— como de Dickens —también dictado desde ultratumba—. Ambos atacan a los críticos y defienden la autenticidad de la autoría, todo de antemano, cual poder de adivinación sumado al poder de manifestación. Además, el Dickens fantasma niega la existencia del infierno y da fe de la presencia de espíritus entre nosotros.

La versión gozó de un cierto éxito, siquiera por la oportunidad del momento de su publicación —Halloween de 1873— y la ingeniosa jugada del editor. Se anunció de la siguiente manera: «Parte segunda de *El misterio de Edwin Drood* por la pluma espiritual de Charles Dickens, a través de un médium. Incluyendo también aquella parte de la obra que fue publicada antes de la terminación de la vida terrenal del autor».

Arthur Conan Doyle, que, como decíamos, se tomaba el más allá muy en serio, dedicó al libro un breve estudio en *The Bookman* para contrastar ambas partes y señalar su desigual calidad.

Quien seguro que no se pudo revolver en su tumba fue Grip, el querido cuervo de Dickens, mascota que tuvo el honor de pasar a los anales de la literatura por su aparición en la novela *Barnaby Rudge* —si bien apenas llegó a verla publicada, pues Grip murió pocos días después de que se pusiera a la venta—, pero sobre todo por inspirar a Edgar Allan Poe para su archiconocido *El cuervo*.

Grip no se pudo revolver porque fue disecado. Se le puede contemplar en una ilustración en la Wikipedia, en la que tiene página propia, tal es su fama. El animal permanece todavía hoy, muy quieto y tieso, en la Biblioteca Libre de Filadelfia, donde terminó tras sucesivas ventas y donaciones de las posesiones del escritor tras su fallecimiento. También se conserva la pata de Bob, su gato favorito, fijada a un abrecartas de marfil.

Ambos fueron mandados a embalsamar por Dickens, a quien fascinaba la taxidermia. Otra ciencia —u otro arte, dependiendo de los gustos de cada cual— que desafía a la muerte.

30

El cerebro de Walt Whitman
(1819-1892)

El poeta estadounidense Walt Whitman no fue ni el primer escritor en interesarse por la pseudociencia a nivel experimental —en este volumen tenemos al respecto el caso de Goethe, o el mucho menos serio de Salinger—, ni el único hombre de letras de su tiempo en aceptar los postulados de la frenología: que las características físicas de una persona están vinculadas a su personalidad, en concreto por la distribución de los órganos cerebrales y la forma del cráneo y sus protuberancias resultantes de dicha distribución. De hecho, su fundador, Franz Joseph Gall (1758-1828), prefería denominarla «craniometría».

Otros interesados en la frenología fueron Charlotte Brontë —en *Jane Eyre* hay referencias directas a la frenología en las ideas expresadas por Mr. Rochester—, George Eliot, Balzac, Baudelaire, Dickens, Wilde... No deja de ser un recurso literario atractivo para conformar personajes, desde luego, aunque desde y para la ficción.

El mayor detractor de esta pseudociencia fue Mark Twain, quien se sometió a varias pruebas frenológicas para demostrar el engaño —véase el capítulo que se le dedica en estas páginas—. Su mayor adalid fue Whitman, quien pensaba que los cerebros y los cráneos podían revelarlo todo de una persona.

Cuando vio cercana su muerte aceptó ser sometido a una autopsia para que exploraran a qué cualidades de su cerebro se debía su genialidad poética. Tras su fallecimiento, extrajeron el cerebro y lo enviaron a la Sociedad Antropométrica Americana para que fuera estudiado, pero a uno de los ayudantes del laboratorio se le cayó al suelo.

No puedo recrear el momento y sus implicaciones metaliterarias mejor que Paul Auster en *La trilogía de Nueva York*, en aquel primer encuentro personal entre Azul y Negro, los protagonistas de su segunda parte, por lo que reproduzco aquí el fragmento, un fragmento que me puso en la pista de esta anécdota, de hecho:

¿Se rompió?

Claro que se rompió. Un cerebro no es muy duro, ¿comprende? Se desparramó por todas partes y ahí terminó la historia. El cerebro del poeta más grande de América fue barrido y arrojado a la basura. [...] Da pena el pobre Walt en su tumba, dice Negro. Tan solo y sin cerebro.

Igual que ese espantapájaros, dice Azul.

Efectivamente, dice Negro. Igual que ese espantapájaros del país de Oz.

WHITMAN EN LA PANTALLA

Una de las escenas más memorables de la historia del cine se la debemos a Walt Whitman: cuando los alumnos se suben a los pupitres y despiden a su profesor, el señor Keating (Robin Williams), con el inicio del poema «¡Oh, capitán! ¡Mi capitán!» en *El club de los poetas muertos* (1989, Peter Weir). Unas cuantas décadas después la biografía del poeta inspirará la componenda psicológica de la personalidad de otro genio en la ficción, Walter White, el inmortal protagonista de una de las mejores series de la historia, *Breaking Bad* (2008-2013, Vince Gilligan), con quien además compartirá siglas nominales «W. W.».

31

Melville el Reseñista
(1819-1891)

Casos de escritores, como de artistas de toda índole que si vivieran hoy estarían forrados, pero que en su época murieron sin reconocimiento o éxito alguno y pasando hambre los hay a patadas. Es la otra definición de «genio», la de persona que nace antes de tiempo, muy pocos le comprenden y nadie compra sus ideas.

Uno de los ejemplos más flagrantes fue el de Herman Melville —¿quién no conoce hoy, siquiera de oídas, *Moby Dick*?—, de quien dijo con acierto Rodrigo Fresán que «no fracasó, fracasaron los lectores de su tiempo».

Y eso que disfrutó de un cierto éxito inicial. Sus primeras dos novelas, *Typee* (1846) y su continuación *Omoo* (1847), ambas de aventuras, ligeras y con un cierto tono crítico hacia el colonialismo, reflejaron su experiencia en los mares del Sur a bordo de los balleneros Acushnet y Charles and Henry. Pero a partir de *Mardi* (1849) su éxito se apagó.

Melville deseaba indagar y profundizar en la naturaleza humana, pero sus lectores querían más de sus aventuras exóticas. Esta preocupación alegórica por el bien y el mal dio como resultado *Moby Dick* (1851), obra magna dedicada, por cierto, a otro de los protagonistas de este libro, Nathaniel Hawthorne; y después a

Pierre o las ambigüedades (1852). Ambas fueron un rotundo fracaso de crítica y de lectores. No ayudó que se quemara el almacén donde guardaban las planchas de impresión de sus obras. Como consecuencia, ninguno de los dos libros volvió a imprimirse en vida del autor.

Melville no se recuperó de aquel fiasco literario y de los que le siguieron con dos solas excepciones, el relato *Bartleby, el escribiente* —con sus veintitrés repeticiones (ChatGPT *dixit*) de aquel archiconocido «preferiría no hacerlo»— y algunos otros reunidos en el volumen *The Piazza Tales* (1856). De *Battle-Pieces and Aspects of the War* (1866), sobre la guerra de Secesión, vendió poco más de quinientos ejemplares. De su largo poema *Clarel: A Poem and Pilgrimage* (1876), apenas trescientos, aunque eso es, con mucho, lo que vende hoy cualquier autor novel con su primer libro.

Melville se dedicó durante buena parte de su vida de fracasos literarios a publicar reseñas laudatorias de sus propias obras bajo pseudónimo con el ánimo de compensar no ya los vituperios de la crítica, sino el silencio total que se terminó de abatir sobre su trabajo.

Ni siquiera su muerte en 1891 lo encumbró. En los obituarios se escribió mal hasta el nombre de «*Mobie*» Dick. Pasaron treinta años más para que se hiciera justicia.

En los años veinte, el escritor, fotógrafo y crítico musical Carl Van Vechten redescubrió su obra para el mundo cuando trabajaba en la recuperación de las grandes voces afroestadounidenses. Melville había luchado en muchos de sus textos en pro de la igualdad, y por fin su virtuosismo le era compensado.

Starbucks

En la web corporativa de la cadena de cafeterías Starbucks se puede leer que su nombre «se inspiró en *Moby Dick*, evocando la tradición marinera de los primeros comerciantes de café». Muchos pensarán que esto no es más que postureo y marketing, y pensarán mal, porque el cofundador de la compañía Gordon Bowker fue, antes que emprendedor, escritor y periodista.

Bowker era un gran fan de la novela, y en un principio pensó ponerle el nombre del ballenero, Pequod. Sin embargo, la primera sílaba, «pe», se pronuncia en inglés «pi», que significa «pis». Como bromeó otro de sus cofundadores y socio creativo de la marca, Terry Heckler, «¿le agradaría a alguien una taza de «pis-kwod»?

Terry pasó entonces a revisar e inspirarse en los nombres de los campamentos mineros del monte Rainier en Seattle, encontrando la fuerza necesaria en el «Starbo», que a la postre resultó venir a cuento del nombre del primer oficial del Pequod, Starbuck.

¿Y la sirena? Otra referencia literaria al mar, en este caso basada en la mitología griega y en el canto de estas criaturas, que llevaba a los marineros a su perdición. En palabras de Heckler, «la metáfora perfecta del canto de sirena del café que nos atrae junto a la taza».

32

El éxito de Flaubert
(1821-1880)

A Gustave Flaubert lo sentaron en el banquillo de los acusados tras la publicación de *Madame Bovary*, por escribir una novela pornográfica, por atentar contra la moralidad y aun contra la fe con sus letras.

La ley del mínimo esfuerzo exigiría parar aquí y dar lo anterior por suficiente anécdota para este capítulo. ¿O acaso no resulta anecdótico, casi risible para nosotros que, en el momento de mayor éxito de OnlyFans —una red social que alienta y normaliza la prostitución por suscripción—, en un tiempo en el que cualquier pantalla ofrece acceso gratuito al porno a dos o tres clics de distancia y un poco de teclado, consideremos que *Madame Bovary* atenta contra la moralidad de sus lectores?

Flaubert supo esconder muy bien —en eso que ahora llamamos el «subtexto»— el erotismo y la sexualidad que abundaron, muy explícitos, en sus borradores y notas, e inundaron, muy implícitos, el texto final. Pero no siempre la censura fue tan tonta como se dice.

Madame Bovary vio la luz por entregas en la *Revue de Paris* (de octubre a diciembre de 1856) tras casi cinco años de intenso y dedicado trabajo de escritura por parte del autor. No había visto la luz como libro, pero la justicia ya se había movilizado. Era la Francia del Segundo Imperio, la Francia autoritaria de Napoleón III, una Francia donde la Iglesia también tenía mucho que decir, y más en el caso de una novela en la que se describe el despertar sexual de una muchacha en un convento y se narran escarceos extraconyugales en una catedral.

La Iglesia incluyó la novela en el *Índice de libros prohibidos* en 1864, a falta de una condena por juicio, que comenzó el 29 de enero de 1857 y no duró ni diez días. Flaubert fue absuelto gracias a la trabajada defensa del abogado Jules Senard, una intervención de cuatro horas con citas a Bossuet, Massillon, Montesquieu, etc., y a un misal para defender la buena fe religiosa de Flaubert. El escritor no solo acabó dedicando la obra a su defensor cuando fue editada como libro, sino que llegó a incluir el texto de su alegato en la edición de 1873. Flaubert pagó a un estenógrafo a sesenta francos la hora para que recogiera la intervención en el juicio.

De otra parte, el fiscal Ernest Pinard, no contento con el resultado, fue a por Baudelaire ese mismo año, consiguiendo prohibir siete de los poemas de *Las flores del mal* —los más lésbicos y sadomasoquistas—, volumen que no se publicó completo hasta 1949. Otros tantos casos judiciales hicieron medrar a Pinard y obtuvo el puesto de ministro del Interior en 1866, fecha para la que Flaubert tampoco se queda corto: frecuenta las propiedades del emperador, acude a recepciones de palacio y es nombrado Caballero de la Legión de Honor.

Madame Bovary alcanzó un éxito sin precedentes y los elogios de todos sus contemporáneos; hasta su «competidor» Victor Hugo y el temido crítico Sainte-Beuve se deshicieron en halagos. *Salambó*, su siguiente incursión literaria, arrasó. Gracias a su genio literario, sí, pero también al juicio. No le vino mal. Ya se sabe, lo prohibido gusta.

33

Verne en España y en español
(1828-1905)

Se piensa en escritores guiris amantes de las bondades de nuestro país y viene a la mente Hemingway: los toros, la fiesta, la guerra... no da para más. Menos numerosas, pero sobre todo menos ruidosas fueron las visitas de Julio Verne a España. Las referencias patrias en sus libros fueron también menos explícitas que las del estadounidense, pero no por ello menos inspiradoras. Por el epistolario del francés sabemos que tenía a nuestra nación como «el país de la imaginación», con todo lo que eso significa viniendo de un escritor de aventuras y ficción especulativa con mucho mundo a sus espaldas. Tuvo una relación literaria muy fructífera con nuestro país, para nada anecdótica más allá del cambio de nombre que le hicimos —de Jules al Julio de toda la vida—, aunque alguna curiosidad se ofrece al respecto.

Que sepamos, porque hayan quedado documentadas, hubo cuatro visitas de Verne a España, una por década desde finales de los cincuenta: en 1859 emprende el viaje en el que recorre Madrid, Sevilla, Cádiz, Granada y Barcelona; en 1867, acompañado de su editor Pierre-Jules Hetzel, exploran juntos Barcelona, Madrid, Toledo, Granada y Córdoba; en 1878 conoce a bordo de su yate Saint Michel III —su tercer barco del mismo nombre, toda una dinastía— las ciudades de Vigo, Valencia y Málaga; y en 1884 circunnavega una vez más nuestras costas.

Pero su literatura viajó por España incluso más que él. Sus obras se traducían de manera inmediata al español y apenas tardaban unos meses en cruzar la frontera, en su mayoría gracias a los sellos de Gaspar Editores y Agustín Jubera Editor, con las traducciones de Nemesio Fernández Cuesta y Vicente Guimerá, por mencionar dos de los preferidos por entonces que todavía hoy se siguen imprimiendo, con sus errores y todo.

Como la traducción al español era poca cosa para encumbrar nuestra relación con Verne —tenía escaso mérito, dado que se convirtió en el segundo autor más traducido del mundo—, se dio el caso excepcional de que la versión completa de *Veinte leguas de viaje submarino* (1869) vio la luz en nuestro país antes que en Francia, donde solo se había publicado para entonces la primera parte. ¿Colapsaron las imprentas francesas con motivo de la guerra franco-prusiana y el asedio de París, y esto retrasó su publicación en Francia hasta 1871, o el traductor Vicente Guimerá se conchabó con el editor Tomás Rey y Cía. para lanzar en primicia una edición pirata de la obra?

Sea como fuere, el mundo conoció la novela más memorable de Verne en España y en español, que no en Francia y en francés, y Nemo proclamaba en la lengua de Cervantes aquella loa de:

¡El mar para mí lo es todo!... Es el inmenso desierto en el que el hombre no está nunca solo, porque la vida se agita a su alrededor. El mar [...] es el vehículo de una sobrenatural y prodigiosa existencia; es movimiento y amor, es el infinito viviente.

34

El herbario de Emily Dickinson
(1830-1886)

¿Qué les pasa a los escritores estadounidenses que necesitan aislarse y encerrarse para escribir? La cabaña en el bosque de Thoreau, el ático de Hawthorne, la casa familiar de Emily Dickinson... ¡todos de Massachusetts!

Dickinson pudo gozar como mujer de una novedosa experiencia formativa, dado que las academias de su ciudad natal —Amherst, Massachusetts— abrían sus puertas a las mujeres por primera vez en aquel entonces, 1840. Pero fue una experiencia breve. La enfermedad, se dice que una forma leve de epilepsia, o bien problemas cardiacos, la llevó a regresar con su familia.

Ya nunca abandonaría la casa familiar. En ella se fue recluyendo poco a poco. Primero del exterior, que cada vez pisaría menos, siquiera para pasear fuera de la propiedad; después de sus amistades, con las que solo mantendría contacto epistolar; más tarde de los propios invitados y visitas al hogar familiar, que se negaba a saludar; por último, en los años inmediatamente anteriores a su marcha, del mundo entero, encerrada en su habitación.

Dicen las malas lenguas que en ese confinamiento voluntario vistió siempre de blanco. Nada se dice al respecto de forma concluyente en su correspondencia, si bien su habitación fue pintada de color blanco, fue enterrada de blanco, su único vestido conservado es blanco, y su novela favorita era *La dama de blanco*, de William Wilkie Collins.

Otros sucesos que rodean la reclusión le dan algo más de color: Dickinson escribió un total de 1.786 poemas, de los cuales solo publicó seis en vida. Sobre esta voluntad de esquivar una vez más la gran notoriedad que obtuvo para la posteridad, solo se expresó en términos alegóricos: «La publicación es una subasta de la mente». Borges lo vio así: «Publicar no era, para ella, parte esencial del destino de un escritor». La existencia de su obra completa fue revelada por Lavinia, hermana pequeña y una de las dos confidentes de la autora.

Su segunda confidente fue la también poeta Susan Huntington Gilbert, cuñada de la escritora y, por más señas, el gran amor de su vida.

Casada con su hermano mayor William Austin Dickinson, Sue vivía en la casa lindante con la de Emily, por lo que podían encontrarse con relativa intimidad. Emily le dedicó trescientos de sus poemas, y confió en ella para la revisión de buena parte de su obra poética. Fue amante, musa y consejera literaria.

Pero para color, el conocido como «herbario de Dickinson». Antes de que la escritora optara por la reclusión, tuvo tiempo para prensar y clasificar en latín botánico 424 especies de flores silvestres de la zona de Massachusetts. Corría el año de 1845 y Emily tenía catorce años.

Las 66 páginas del manuscrito, en forma de libro con lomo verde, se conservan en la sección de libros raros de la Universidad de Harvard. Está digitalizado y se puede consultar en la biblioteca online de la universidad. Basta con poner «Dickinson's herbarium» en el buscador para poder encontrar el que durante más de un siglo ha sido y sigue siendo, a pesar de sus imperfecciones —Dickinson prensó hojas y flores, pero no raíces y los tallos—, una referencia clave de investigación para biólogos y naturalistas, porque permite conocer el origen de especies no nativas, y para los anecdotarios como este, porque según el herbario en el jardín de la finca de la poeta había marihuana.

35

Lewis Carroll, pedófilo y victoriano
(1832-1898)

Dar a entender que un libro no ha de leerse o que la obra de toda una vida debe descartarse por quién fue o qué hizo su autor es un pobre argumento. Si la decisión acerca de leer o no un libro dependiera de la biografía de su creador, tendríamos muy poco donde escoger y muy poco que leer. La naturaleza humana es, por definición, imperfecta; ni los santos quedan exentos de pecado.

Sobre Lewis Carroll —pseudónimo literario de Charles Lutwidge Dodgson— se han lanzado multitud de acusaciones nunca demostradas: su afición a las drogas —si Alicia flipaba, él también, si bien solo se ha confirmado el consumo de láudano para hacer su artrosis más llevadera—; o la acusación de ser Jack el Destripador, pues algunos adivinaron en su obra indicios o prefiguraciones de los crímenes después cometidos por el homicida.

De lo que sí ha quedado prueba, y gráfica, es de una afición que algunos han tachado de «pedófila», y otros, juzgando la acusación de «extemporánea», han normalizado como costumbre aceptada en la época victoriana. Aunque si bien o mal se mira, ni una ni otra calificación son excluyentes, pues uno puede ser pedófilo y victoriano. La afición: fotografiar a niñas pequeñas de entre diez y catorce años, algunas de ellas desnudas, y mantener correspondencia habitual con ellas adoptando el tono —muy literario y currado, eso sí— de un niño.

Las pruebas de esta costumbre se encontraron en las setenta y nueve fotos y otras tantas cartas contenidas en el interior de un sobre bajo la advertencia: «Quemar antes de abrir»; sobre conservado, a su vez, en la correspondencia del escritor a la que tuvieron acceso sus primeros biógrafos. Se estima que el montante representa tan solo un 60 por ciento de todo el material fotográfico de Carroll.

De entre todas estas modelos se alzó su musa, Alice Liddell, a la que supuestamente —se suspendió la correspondencia entre ambos y faltan las pruebas— pidió matrimonio cuando la pequeña contaba apenas trece años. Fue la única con la que Carroll no interrumpió el carteo una vez abandonó la infancia. Mantuvieron correspondencia hasta la muerte del escritor, quien se inspiró en la chiquilla para componer sus relatos infantiles más conocidos, *Alicia en el país de las maravillas* y *A través del espejo y lo que Alicia encontró allí*, relatos que hoy leemos a nuestros hijos desde el más inocente y necesario desconocimiento; anecdótica paradoja.

Solo gracias a esa también necesaria separación de autor y obra que comentábamos más arriba podemos leer hoy a Lewis Carroll. Podemos incluso leer las fabulosas historias infantiles de Lewis Carrol a nuestros hijos. Todo ello sin incomodarnos demasiado porque entre sus muchas ocupaciones, la de matemático, la de escritor, la de diácono anglicano, se contara la fotografía de niñas desnudas.

36

Mark Twain y el juego de la memoria
(1835-1910)

El título que doy a este capítulo no es ningún juego de palabras. En el verano de 1883, el escritor estadounidense Mark Twain finalizaba, por fin, después de siete años de trabajo, *Las aventuras de Huckleberry Finn*. Trabajo que no fue ininterrumpido, porque en ese mismo tiempo hizo pausas para escribir *El príncipe y el mendigo* y *La vida en el Misisipí*, pero que sí fue arduo. En los periodos de redacción de la novela, si se ponía, se ponía de verdad, desde por la mañana hasta las 17.15 horas de la tarde, cinco días a la semana.

Al terminar su jornada como escritor, Twain se transformaba hasta la madrugada en otra clase de inventor. De las historias pasaba a las patentes, y diseñó un juego de mesa.

No se trataba de su primer ingenio. En 1871 recibió la patente 121.992 por una correa ajustable para prendas, y en 1873 la 140.245 por un álbum de recortes autoadhesivo del que vendió más de veinticinco mil copias, convirtiéndose en uno de los tres libros de Twain más rentables de su vida, después de *Guía para viajeros inocentes* y *La vida en el Misisipí*.

En 1885, mientras le publicaban *Huckleberry Finn*, le concedieron la patente para «Mark Twain's Memory Builder», un Trivial de historia que no se vendió apenas. ¿El problema? Justo el que intentaba solucionar: que la gente, la de ayer como la de hoy, no sabe poner fechas a los sucesos del pasado, siquiera los más conocidos.

Twain diseñó un tablero exclusivo para el juego, de hasta cuatro jugadores, inspirado en las escalas y cuadrantes que dibujaba en la arena para repasar historia con sus hijas, que en esa versión al aire libre hacían ellas mismas de peones y avanzaban en el tablero de arena según acertaran.

Sumó a este tablero, lleno de círculos para indicar fechas, una hoja de instrucciones, un folleto con sucesos históricos relevantes en diferentes categorías como referencia para preguntar por la fecha en que ocurrieron, y alfileres para el jugador que es preguntado, para que los clavara en el tablero indicando la fecha y para sumar un acierto. El jugador con más alfileres en el tablero gana.

Aquí dejo algunos ejemplos, con la particular ironía de Twain. Si alguien se anima, puede practicar el juego en:

<https://timeonline.uoregon.edu/twain/game.php>

¡Se ha conservado el tablero original!

Clavas un alfiler en el 64, en la tercera fila de agujeros de ese compartimento, «Acontecimiento menor», y dices: «Shakespeare nació en 1564».

O fija el 76 en ese compartimento, «Acontecimiento menor», y dices: «Declaración de Independencia, 1776».

Clavas un alfiler en el 15, segunda fila de agujeros en ese compartimento, «Batalla», y dices: «Waterloo, 1815».

37

Los esqueletos de Bécquer
(1836-1870)

Fueron hijos de pintor. Perdieron al padre a muy temprana edad. A Valeriano le pilló tres años más mayor, a los ocho. A Gustavo Adolfo, algo más pequeño, a los cinco. El mayor pudo vivirlo más, quizá por ello se impregnó con más fuerza del arte de su progenitor y convirtió la pintura en su profesión. El pequeño pudo vivirlo menos y quizá por ello pintó a medias.

Como su hermano —hermano al que adoró, con el que pasó tanto tiempo y al que no supo sobrevivir tras su muerte cuando los dos se hallaban en la treintena—, tuvo formación de pintor en el taller de Cabral Bejarano y en el de su tío Joaquín. Fue su primera enseñanza como artista, quiere decirse que fue pintor antes que escritor, pero su tío le invitó a dejarlo. Aunque lo abandonó del todo.

Es verdad que Gustavo prefirió escribir aquello que veía pero también pintó aquello que escribía. Para lo uno y para lo otro más que nombre tuvo apellido artístico, el castellanizado del Becker original de Flandes. Fue Gustavo Adolfo Claudio Domínguez Bastida, pero Gustavo Adolfo Bécquer.

Cuenta su amigo periodista Ramón Rodríguez Correa que de la Dirección de Bienes Nacionales le echaron por distraer al personal con sus diseños de escenas de *Hamlet*. También dice Correa en el prólogo a la primera edición de sus *Obras* (1871), refiriéndose a los dibujos con que Bécquer acompañaba sus cuartillas, que «rara era la carta que salía de su mano sin ir llena de copias de lo que veía o caricaturas admirables sobre lo que narraba».

Le pasó igual con sus *Rimas y leyendas*. Fue moderno y desafiante de la estética establecida en su dibujo y en sus letras, la unión de las artes inspirada por el romanticismo. Aparecen en ambos las mujeres muertas, de piedra y diablesas, el diablo seductor y esqueletos, muchos esqueletos.

En las escenas de *Les morts pour rire* que conservó con sumo cuidado su musa, la cantante de ópera Julia Espín —a quien dedicó álbumes de dibujos y rimas—, desfilan esqueletos cabalgando, tocando el piano, cantando, atendiendo visitas, discusiones y meriendas desde sus ataúdes, jugando al tenis con un cráneo, haciendo malabarismos y acrobacias circenses, asistiendo a una corrida de toros, celebrando un duelo ¿a muerte?; esqueletos obreros que miran con disgusto a esqueletos capitalistas, esqueletos militares que desfilan, esqueletos que participan en una justa medieval, esqueletos que pasean en familia de esqueletos por el cementerio.

No se entiende a Bécquer sin estas *bizarreries* o extravagancias que nos hacen ver que no solo fue el poeta del amor o, si lo fue, de un amor acompañado de destrucción y de fragilidad. De muerte.

38

Los enemigos de Benito Pérez Galdós
(1843-1920)

Benito Pérez Galdós llegó a Madrid en 1862 para hacer como que estudiaba Derecho. Aunque su paso por la Universidad Central no es lo que nos preocupa aquí, bien pudiera ser que lo fuera, al contrario, pues con toda probabilidad sus estudios fueron lo más anecdótico de su vida; la excusa para permanecer en la Villa y Corte mientras abonaba su carrera como escritor. Lo que él anhelaba de aquel viaje, venido de Las Palmas de Gran Canaria, era acudir a las mejores tertulias literarias, no perderse ni uno de los estrenos y participar después de la farándula, pasear y conocer las calles de Madrid.

Allí se trasladaron también, ocho años después, dos de sus hermanas, Concha y Carmen, junto con Magdalena Hurtado, viuda de su hermano Domingo Pérez Galdós, el mayor de los hijos de la familia. (Galdós fue el décimo, el más pequeño de un total de seis hermanas y cuatro hermanos). Se hospedaron en la calle Serrano, con vistas a la construcción de la futura Biblioteca Nacional de España. Y si a finales de ese mismo año de 1870 vio la luz *La fontana de oro*, primera novela de calado del escritor, fue gracias a su cuñada, que aportó los fondos para su impresión después de que el manuscrito aguardara en un cajón desde al menos 1868.

Su cuñada le quería bien, y con su generoso gesto permitió que otros pudieran llegar a quererlo por igual. Los dieciocho años de esplendorosa carrera literaria que siguieron a esa desinteresada ayuda de «la madrina», como la llamó Galdós, lograron que los insignes Marcelino Menéndez Pelayo, Juan Valera, José María de Pereda o Leopoldo Alas, «Clarín», entre otros, le propusieran como académico para la Real Academia Española.

Menéndez Pelayo y Juan Valera lo venían preparando desde 1883, cuando veían que el académico Gabino Tejado y Rodríguez podía doblar la servilleta como resultado de su cardiopatía; también en 1887 —«parece que el pobre marqués de Molins está en la agonía», anunciaba Valera—. Ni uno ni otro pasaron al otro barrio y no surgió la oportunidad hasta 1888. Pero no cuajó.

Se dice que fueron los conservadores, pero no todos los conservadores fueron, porque ¿qué eran entonces Menéndez Pelayo o Pereda? Se podía estar en las antípodas del pensamiento progresista de Galdós, y reconocer que el valor y la calidad del trabajo literario no entienden de ideologías. Así lo entendía también Cánovas del Castillo, que favoreció en ese primer intento de 1888 la entrada del catedrático de Latín y Castellano Francisco Andrés Commelerán y Gómez —con más estudios y méritos estrictamente académicos, dígase en su defensa, pero con una obra mucho menos literaria y popular—, pero un año más tarde firmó el nombramiento de Galdós, ahora sí académico.

Sin embargo, buena parte de los españoles no compartían esta perspectiva, y dejándose llevar por las grandes tensiones políticas del momento —cuyo paulatino *crescendo* terminaría en desastre para la nación treinta y cinco años después de su estreno— vieron en *Electra* (1901) un pecado mortal. Tal fue el aluvión de cartas y las presiones a la Academia Sueca que no pudo ser galardonado con el Nobel. Salimos todos perdiendo. Somos así.

39

El revólver de Verlaine
(1844-1896)

En la mentalidad colectiva de aquellos con algún interés en la historia ha quedado grabado el uso de los versos iniciales de *Canción de otoño* de Paul Marie Verlaine para anunciar a la resistencia que el desembarco de las tropas aliadas en Francia era inminente: «Les sanglots longs des violons de l'automne / blessent mon coeur d'une langueur monotone» [«Los largos sollozos de los violines del otoño / hieren mi corazón con una monótona languidez»].

Es la anécdota más conocida del gran «poeta maldito» entre los que no conocen ni su vida ni su obra: el primer verso se emitió el 1 de junio de 1944; el segundo, el 5 de junio. El 6 de junio, el Día D, comenzó la operación Overlord que tantas películas han recreado y en las que tantas veces han sonado los versos de Verlaine.

Entre quienes hayan escarbado un poco en la biografía del francés encontrarán, sin embargo, una anécdota mucho más fuerte. Anécdota motivada por un drama personal, su tóxico romance con el poeta Arthur Rimbaud, que desembocó en otro drama personal, su encarcelamiento.

Verlaine y Rimbaud se conocieron por correspondencia. Verlaine quedó deslumbrado por el genio literario de un jovencísimo

Rimbaud de diecisiete años —él contaba diez más, veintisiete—, y le ayudó a completar la fuga que el adolescente llevaba intentando tiempo sin éxito para huir del rigor materno. Verlaine pagó su billete a París en 1871 y lo alojó en su casa, donde vivía con su esposa Mathilde Mauté, embarazada de su primer hijo.

A partir de ahí, se suceden las salidas nocturnas, la bebida, las drogas, el enamoramiento y el adulterio con Rimbaud a la vista de su mujer, a la que, además de humillar con el *affaire*, maltrata acicateado por el alcohol y la frustración de ver una buena vida arruinada por decisión propia.

En 1872, Verlaine comienza a tramitar el divorcio y abandona a su familia para trasladarse con Rimbaud a Londres. Allí viven en la pobreza, mantenidos por una pequeña asignación de la madre de Verlaine, y es Rimbaud el que ridiculiza y maltrata a este.

La situación se torna insostenible y Verlaine huye a Bruselas en 1873. Desde allí escribirá a Rimbaud que, si no logra reconciliarse con su mujer y rehacer su vida, se suicidará. Rimbaud acude en su búsqueda con el propósito de calmarle, pero también de cortar de una vez por todas con su relación, y es entonces cuando tiene lugar el incidente. Estando ambos en el hotel de Bruselas, Verlaine saca un revólver y sentencia —dicen que sentencia—: «Ya que me abandonas, que estos disparos lleven tu nombre».

De los dos disparos efectuados Verlaine solo acertó a Rimbaud en la muñeca izquierda causándole daños superficiales. No fue suerte, sino el alcohol y los nervios que llevaba encima. La madre de Verlaine, que se alojaba en la habitación contigua para tener vigilado a su hijo, fue la primera en asistir a Rimbaud, quien decide en primera instancia no presentar cargos. Los tres acuden al hospital y de ahí a la estación de tren. En el ínterin, Verlaine hace amago de volver a disparar y ahí se acaba todo: Rimbaud alerta a la policía, pone la denuncia, y Verlaine va a la cárcel por dos años.

Allí se convertirá al catolicismo, un consuelo espiritual que no pudo detener el profundo declive personal y físico iniciado años antes. Su fama como poeta crece, una leyenda en vida, pero su existencia misma se va apagando entre las aulas en las que imparte clases, los hospitales a los que acude sin cesar muy desmejorado y la sobredosis de la que finalmente muere con cincuenta y dos años.

Millonarios

En 2016, la casa Christie's subastó el revólver con el que Verlaine intentó acabar con la vida de Rimbaud al más puro estilo «lo maté porque era mío». El revólver de 7 mm, con número de serie 14.096, fue adquirido por un comprador anónimo por 434.500 euros.

En 2007, otro millonario —o el mismo, quién sabe— se encargó de salvar la casa de la Royal College Street de Londres en la que vivieron Verlaine y Rimbaud, comprando la propiedad a una constructora para hacer de ella una casa museo.

40

Emilia Pardo Bazán: pionera, aristócrata y traficante (1851-1921)

Emilia Pardo Bazán fue pionera de muchas cosas para las mujeres de la España del siglo xx, y aun del xxi. Le fue vedada su entrada a la universidad como alumna por ser mujer, pero el irrefrenable impulso autodidacta de quienes han nacido para consagrar su vida a las letras, mucho talento y una obra que ha pasado a formar parte de lo mejor de la literatura contemporánea la llevaron a ser la primera mujer catedrática de la historia de la universidad española. Así, en 1916 toma posesión de la cátedra de Literatura Contemporánea de las lenguas neolatinas en la Universidad Central.

Si la Real Academia Española se resistió a la evidencia de su genio y su entrada le fue denegada en las tres ocasiones que su candidatura fue presentada, por ser mujer, otras entidades se rindieron ante la misma. Fue la primera mujer en desempeñar un papel activo en el Ateneo de Madrid: primera mujer socia, primera conferenciante, primera presidenta de la sección de Literatura. También fue la primera corresponsal de prensa española en el extranjero, en Roma y París para periódicos madrileños.

En general, por ser mujer, fue pionera en su dedicación plena a la literatura y el intelecto —reivindicada para su sexo en su primera novela, *Aficiones peligrosas*, cuando tenía tan solo trece años— en una época en la que se hubiera esperado que, de estudiar, «estudiara» economía doméstica, música o educación infantil.

El origen y contexto del incentivo feminista en Emilia Pardo Bazán puede sorprender en un momento, el actual, en el que el movimiento parece haber tomado un único rumbo ideológico. Sin embargo, en aquellos días la defensa de una misma dignidad, derechos y oportunidades para hombres y mujeres —principios fundamentales— estaba por encima de las ideologías —principios circunstanciales—. «No puede haber dos morales para dos sexos», le dijo una vez su padre, José Pardo Bazán.

Buena prueba de ello es que la escritora defendió la posibilidad de una mujer autónoma, formada y dotada de sentido crítico —plasmado en el lema personal *De bellum luce*, «la luz en la batalla», que encabezó buena parte de sus cartas— y procedió a esta defensa perteneciendo a la nobleza, a una de las familias más pudientes de España; no en vano era condesa. Nunca abjuró de sus creencias, más bien al contrario, pues mantuvo e incrementó su religiosidad católica en sus estrechas relaciones con el franciscanismo; y para más inri, siendo notoria defensora del carlismo.

Para Carlos María de Borbón la condición de mujer impedía portar la corona regia, pero venía que ni pintado para traficar con armas. Pardo Bazán se valió de su sostén para ocultar una suma considerable de florines de oro y partió hacia Londres con el propósito de comprar treinta mil fusiles para armar la causa carlista. Después organizó el traslado del armamento a París. A su vuelta a España se la acusó de traición, pero no se la llegó a condenar.

De esas peripecias tradicionalistas se arrepintió en su madurez, y debieron tomarse como tales locuras de juventud, pues el mismo Alfonso XIII la nombró consejera de Instrucción Pública. Primera mujer otra vez en ese cargo.

41

Rimbaud ha vivido mucho
(1854-1891)

Una mayoría de escritores que quieren serlo empiezan su vida dedicándose a cualquier otro menester con la esperanza de ahorrar una cierta suma de dinero o tener una vía de ingresos fija que les permita escribir. Una minoría de escritores, con Arthur Rimbaud a la cabeza, empiezan su vida escribiendo en exclusiva y la acaban dedicándose a cualquier otro menester con la esperanza de no tener que volver a escribir nunca más.

Niño prodigio absoluto de las letras francesas, a Rimbaud lo marcaron los rigores de una familia numerosa sin padre y una madre poco afectuosa y controladora; sus múltiples intentos de fuga de la casa familiar; el romance adúltero que mantuvo con Verlaine, diez años mayor; los graves apuros económicos —indigencia incluso— sostenidos en el tiempo; y la bohemia del alcohol y las drogas. Todo ello en sus primeros veinte años de vida. Para cuando terminó su relación con Verlaine, quien acabó en la cárcel después de que intentara pegarle dos tiros, Rimbaud ha vivido mucho, pero no es suficiente.

«Mortal, ángel y demonio, es decir Rimbaud», lo calificó Verlaine en sus versos. Se pone a recorrer Europa a pie; se alista en el ejército holandés con destino a Java; a los tres meses de llegar a Indonesia se arrepiente y deserta; vuelve a Francia para trabajar de intérprete en el circo Loisset; de ahí parte a Chipre; termina en Adén (Yemen) como agente de Bardey, empresa exportadora de café, pieles y caucho, moviéndose a su antojo entre Adén y Harar (Etiopía). Bardey echa el cierre, pero Rimbaud sigue en el negocio traficando con armas y camellos en Etiopía, y con esclavos en Yibuti.

Solo el carcinoma que padeció en la rodilla forzó su regreso a Francia, donde le amputaron la pierna. Y así, impedido, quieto por fin, el poeta maldito, el traficante de personas, muere. Tenía treinta y siete años. Rimbaud ha vivido mucho, y es suficiente.

Los poetas malditos

Al término «poeta maldito» le pasa como a los sugus, que llamamos al tipo de caramelo por el nombre de la marca. La expresión no es de creación popular, sino que viene acuñada por un libro de ensayos de Paul Verlaine de 1884 y 1888. En *Los poetas malditos* Verlaine reunió por autores sus comentarios críticos sobre el estilo literario de un grupo de poetas coetáneos, todos ellos incomprendidos y apartados por los usos sociales del momento: Tristan Corbière, Stéphane Mallarmé, Marceline Desbordes-Valmore, Auguste Villiers de L'Isle-Adam, el propio Rimbaud y, cómo no, el mismo Verlaine.

42

Las aficiones e hipótesis de L. Frank Baum
(1856-1919)

¿A qué se dedica un escritor antes de ser escritor? La respuesta puede ser fascinante. El estadounidense L. Frank Baum —con la «L» en sigla porque nunca le gustó el Lyman que le pusieron por su tío paterno—, autor de *El maravilloso mago de Oz*, se dedicaba a la cría del pollo de Hamburgo. La afición nos puede parecer bizarra, pero finales del siglo xix y comienzos del xx es la edad dorada de la avicultura, y hubo verdadero fervor, también a nivel doméstico, por el tema.

El escritor comenzó con esta afición a los veinte años. Venía de atravesar una fuerte predilección por los sellos y la imprenta en general. Disponía de una pequeña imprenta que le compró su padre, con la que imprimía desde niño junto con su hermano Harry el periódico gratuito —financiado con anuncios de empresas locales— *The Rose Lawn Home Journal*. A los diecisiete publicó la revista filatélica *The Stamp Collector* y fundó un negocio de distribución de sellos.

Cuando la fiebre filatélica amainó, se pasó a la cría de aves. Sobre esta temática lanzó la revista *The Poultry Record* y recién entrado en la treintena escribió su primer libro, *The Book of the Hamburgs: A Brief Treatise upon the Mating, Rearing, and Mana-*

gement of the Different Varieties of Hamburgs, publicado en 1886 (que en nuestro idioma podemos traducir como *El libro de los hamburgos: un breve tratado sobre el apareamiento, la crianza y el manejo de las diferentes variedades de hamburgos*).

En paralelo, desplegó una ferviente actividad como empresario teatral y dramaturgo. Su padre le puso un teatro en Richburg (Nueva York), donde su hijo pudo representar sus propias obras —las escribía, las musicaba y las protagonizaba— e impartir formación en la anexa Syracuse Oratory School que fundó con posterioridad.

No fue hasta una década más tarde, ya con cuarenta años, que el más bien moderado éxito comercial de Frank Baum cedió a su vena de escritor. Obtuvo la fama con *Father Goose* (1899), un libro de poesía del absurdo para niños que fue el título más vendido del año, y consolidó su celebridad con *El maravilloso mago de Oz* (1900), siempre acompañándose de las ilustraciones de William Wallace Denslow.

Hubo trece novelas más basadas en el mundo y los personajes de Oz, cuyo título, si hacemos caso de las razones aportadas por el propio escritor en el comunicado de prensa en el que anunció la reedición de 1903, se debe a la más grande de las arbitrariedades:

> Tengo un pequeño archivero justo frente a mi escritorio. Pensaba y me preguntaba sobre el título de mi historia y me había decidido a que «mago» era parte de él. Mi mirada quedó atrapada por las letras doradas de tres cajones del gabinete. El primero era A-G, el siguiente era H-N y en el último estaban las letras O-Z. Y Oz se convirtió en el título.

A partir de ahí, las malas lenguas han hecho su trabajo con hasta seis posibilidades alternativas del origen del término: su similitud con Boz, el pseudónimo de Charles Dickens, cuyas obras admiraba Baum; el título del poema *Ozymandias*, de Percy Bysshe Shelley; la tierra de Uz, el hogar bíblico de Job; las exclamaciones de asombro «hs» y «ahs» tan frecuentes en el escritor; la abreviatura de «onza», de acuerdo con el simbolismo dorado del camino de ladrillos amarillos y el plateado de las zapatillas de Dorothy; y una sexta con una curiosa relación con Arthur C. Clarke que se cuenta en el capítulo dedicado a este escritor.

43

El alfabeto de Bernard Shaw
(1856-1950)

El dramaturgo Bernard Shaw fue un tipo singular. Según Salvador de Madariaga, era «un polo de electricidad negativa incrustado en una persona de electricidad positiva» en alusión a las chispas que saltaban a su alrededor cuando hacía acto de presencia.

Fue singular por sus opiniones políticas. Defensor del cambio progresivo, constitucionalista y no revolucionario hacia el socialismo, desarrolló sin embargo ciertas inclinaciones radicales, con una rara simpatía hacia el final de su vida por algunos de los más conocidos monstruos totalitarios del siglo XX, Hitler, Mussolini y Stalin; por no hablar de su apuesta personal por la eugenesia, combinada con la defensa de los judíos y de la igualdad racial.

También por la regularidad con la que cambió de credo, no pudiéndose diferenciar ninguna etapa de su biografía en la que quede meridianamente claro en qué creía o no creía en realidad. Y cómo no, por ser la única persona de la historia en haber recibido tanto un Nobel de Literatura (1925) como un Oscar (1939) al mejor guion adaptado por la versión cinematográfica de *Pigmalión* (1938, Anthony Asquith y Leslie Howard).

Pero su singularidad más grande vino de su negativa a utilizar la ortografía propia del inglés, que consideraba inservible, una pérdida de tiempo y un impulso del analfabetismo al no tener una correspondencia directa con su pronunciación. En esto los españoles angloparlantes podríamos estar de acuerdo.

En su testamento dejó indicado que a expensas de su herencia se celebrara un concurso dotado con quinientas libras esterlinas para fomentar la creación de un alfabeto fónico para el inglés en sustitución del alfabeto latino, en el que además se imprimiría su obra de teatro *Androcles y el león* (1912). En 1958 ganó el certamen Ronald Kingsley Read con lo que se acabó denominando «alfabeto shaviano» en honor al escritor. Se imprimieron cincuenta mil ejemplares de la obra teatral junto con un manual para poder aprender el «shaviano». Poco más que eso, ahí quedó la cosa. Invito a los lectores a que visiten la página oficial del alfabeto (shavian.info) para que descubran por qué.

Por cierto, que en ese mismo testamento el escritor dispuso que se le mencionara siempre como Bernard Shaw, sin su nombre inicial George. Un deseo que ya expresó en vida, pero solo para que lo cumplieran los demás, puesto que él conservó para sí y utilizó la G inicial siempre que quiso. Otra singularidad más que, como habrá apreciado el lector de este anecdotario, se cumple a rajatabla... para que no salten las chispas.

Jubilemos la ortografía

Bernard Shaw no fue el único premio Nobel en querer acabar con la ortografía. Aun sin pretender crear un nuevo alfabeto, Gabriel García Márquez pidió en 1997, durante el I Congreso Nacional de la Lengua Española de Zacatecas (México), liberar al español de sus normas, «para que entre en el siglo XXI como Pedro por su casa». Y después de ofrecer algunos consejos de cómo librarla de sus «fierros normativos», sentenció:

Jubilemos la ortografía, terror del ser humano desde la cuna: enterremos las haches rupestres, firmemos un tratado de límites entre la ge y jota, y pongamos más uso de razón en los acentos escritos, que al fin y al cabo nadie ha de leer «lagrima» donde diga «lágrima» ni confundirá «revólver» con «revolver». ¿Y qué de nuestra be de burro y nuestra uve de vaca, que los abuelos españoles nos trajeron como si fueran dos y siempre sobra una?

44

La biblioteca de Menéndez Pelayo
(1856-1912)

De todos es sabida la fuerte predilección que guarda un lector sobre su biblioteca frente a todas las cosas. Un lector que se precie de serlo no tiene nada más preciado, a excepción quizá de su familia, que sus libros agrupados, más o menos, o nada ordenados, pero siempre objeto de veneración cuando está frente a ellos.

Marcelino Menéndez Pelayo, que se distinguió como estudioso, historiador y escritor, también lo hizo por la devoción que rindió a su biblioteca. A su muerte se la legó a la ciudad de Santander, indicando la moratoria de añadir más títulos. En total, según la web institucional, la integran «1.032 manuscritos, 17 legados de diferentes autores y 41.500 títulos de impresos de los cuales 20 son incunables. [...] Además completan la colección 870 títulos de publicaciones periódicas». Quién pudiera.

Menéndez Pelayo llegó a extender semanas sus vacaciones de verano y Navidad en Santander no solo para permanecer alejado de Madrid, que cada vez le gustaba menos, sino por estar cerca de su biblioteca. Se encargaba de contar la historia de la adquisición de sus incunables y rarezas manuscritas a familiares y amigos, hasta el punto de que a fuerza de repetición todos se las sabían de memoria.

En 1911, estando enfermo y en cama, se incendió un almacén de maderas próximo a su domicilio. No cejó de dar voces hasta que corrieron la cama cerca de su ventana para que comprobara él mismo que su biblioteca no había sido afectada.

Dejaba que otros entraran en su biblioteca siempre que fuera con afán de estudio. Él mismo atendía sus consultas. Le molestaba, por contra, que su familia invitara a amigos y conocidos solo para curiosidad y sorpresa de legos en la lectura. A todos exigía, eso sí, una alabanza para su colección. Nunca prestó ningún libro.

Cabe citar aquí las palabras que escribió sobre la biblioteca en sus *Memorias* su hermano Enrique, el primer bibliotecario oficial de la misma: «Amaba a Dios sobre todas las cosas y al libro como a sí mismo».

45

Selma Lagerlöf ya no estaba
(1858-1940)

La mayor parte de las anécdotas que se cuentan sobre la concesión de un Premio Nobel de Literatura tienen que ver con la pasividad mostrada por el galardonado al recibir la noticia o, también, el desprecio de no recogerlo aun pudiendo hacerlo. En este mismo libro se cuentan algunas de esas, pero también otras como esta, de escritores que han forjado una relación muy especial con el Nobel.

Selma Lagerlöf fue la primera mujer en ganar el Nobel de Literatura (1909), y la primera en formar parte de la Academia Sueca (1914), lo que hace especial de por sí ambas efemérides. Sin embargo, hay detalles de su vida que engrandecen más si cabe su conexión con ambos.

El estallido de la Segunda Guerra Mundial y el conocimiento de la persecución a la que estaba siendo sometido el pueblo judío y todos aquellos que no se plegaran al totalitarismo nazi llevaron a la escritora a involucrarse, en la medida de sus posibilidades, en ayudar a los artistas y pensadores a escapar del horror.

Entre todas las personas a las que ayudó se contaba la también escritora Nelly Sachs. Le consiguió un visado que le permitió huir a tiempo y librarse del campo de concentración. En 1966, Sachs también recibió el Premio Nobel de Literatura, junto con Shmuel Yosef Agnón. La sexta mujer en conseguirlo —gracias a la primera—, y a su vez la primera mujer judía en lograrlo.

Lagerlöf falleció aquel mismo año de 1940, antes de poder recibir siquiera a Sachs en Suecia, circunstancia a la que se refirió esta última en su discurso de recepción del Nobel:

> En el verano de 1939 una amiga alemana vino a Suecia a visitar a Selma Lagerlöf para pedirle que encontrase un refugio para mi madre y para mí [...]. En la primavera de 1940, después de meses tortuosos, llegamos a Estocolmo. Ya se había producido la ocupación de Dinamarca y Noruega. La gran novelista ya no estaba.

Ya no estaba, pero tuvo un último gesto más antes de dejar este mundo: donó su medalla de oro del Nobel para recaudar fondos para los refugiados alemanes y los soldados finlandeses que en ese momento entraban en guerra. Se dice de los verdaderos ganadores del Nobel de Literatura que no es el premio el que prestigia al escritor, sino al revés: el escritor prestigia al Nobel.

La primera escritora Nobel

Selma Lagerlöf fue la primera mujer en ganar el Nobel de Literatura en 1909. Sin embargo, no fue en puridad la primera mujer escritora en recibir tal galardón. Con anterioridad, en 1905, recibió el Nobel de la Paz la baronesa Bertha von Suttner. Escribió la célebre novela *¡Abajo las armas!* (1889), en la que sintonizó su vena literaria con su arteria activista, la defensa de los derechos de la mujer y la reivindicación de la paz.

Por cierto, la baronesa llegó a ser secretaria privada del propio Alfred Nobel durante un corto periodo de tiempo en 1876. Mantuvieron una cordial relación de amistad hasta la muerte del químico en 1896.

46

Nadie conoce a Arthur Conan Doyle
(1859-1930)

Un personaje literario ha alcanzado el máximo nivel de fama y admiración posible cuando se sabe más acerca de su vida y obra que de la vida y obra de su creador. Es por esto, por la celebridad de Sherlock Holmes, por lo que el lector medio lo ignora casi todo sobre Arthur Conan Doyle.

Con respecto a su obra, se desconoce que detestó al propio Holmes, pues prefería escribir novela histórica. Además, fue un gran exponente de los libros de aventuras, de misterio y de terror, y uno de los escritores pioneros de la ciencia ficción, género del que brotó el irascible profesor Challenger. Este apareció por primera vez en *El mundo perdido*, cuyo relato nos lleva a una meseta de Sudamérica donde todavía viven dinosaurios y otras criaturas prehistóricas, el escenario que inspiró a Michael Crichton para después saltar a la gran pantalla con Steven Spielberg. Con todo, se trata de un autor muy poco leído: las obras de Sherlock Holmes, entre novelas y relatos, representan aproximadamente el 30 por ciento del total escrito por Arthur Conan Doyle. Quienes han leído mucho a Holmes, han leído poco a Conan Doyle.

Con respecto a su vida, se desconoce que su interés por la investigación y la deducción excedió con mucho la ficción, forjando un verdadero compromiso con la justicia. El novelista británico Julian Barnes nos descubrió en su prodigiosa biografía narrativa *Arthur & George* la activa participación de Conan Doyle en el caso Great Wyrley, ya que consiguió la liberación del acusado George Edalji en un juicio clave para que se creara en Inglaterra el Tribunal de Apelaciones. Su ayuda en otros casos, como el Slater, el Thompson y Bywaters o el caso Hinds, sirvió para apuntalar la necesidad de los mecanismos judiciales de revisión de sentencias.

Y con respecto a su obra y vida, fue el adalid de la teosofía de su tiempo, un ferviente espiritista. Dedicó varios ensayos a la materia, entre los más divulgados y traducidos al español figuran *La nueva revelación* y *El mensaje vital*; también una *Historia del espiritismo*, y una crédula defensa de la existencia de las hadas en *El misterio de las hadas*. Ajeno a todas las polémicas, mantuvo hasta el final su firme creencia en la posibilidad de entablar contacto con los muertos, entre los cuales se contaba su hijo Kingsley, una pérdida que marcó su vida y le llevó a estrechar lazos con los médiums.

Para postre, Conan Doyle intentó fichar al mismo Houdini en una sesión liderada por la mujer del escritor, Jean Leckie, en que el escapista recibió una carta de su difunta madre a través de ella. Houdini descubrió el engaño a la vista de diversas incongruencias en el contenido de la misiva, y se sintió tan estafado que terminó haciendo de la disputa contra el espiritismo una cruzada personal.

47

La oscuridad de James Matthew Barrie
(1860-1937)

El nombre de James Matthew Barrie no dice nada a prácticamente nadie, ni a una mayoría de personas ni a una minoría de lectores. El de Peter Pan sí, aunque no se puede decir que sea el personaje por el que pasó a la historia, porque Barrie no pasó a la historia. Más bien fue Peter Pan, pero gracias a Disney, no a su verdadero creador. Es un poco el caso de Conan Doyle con Sherlock Holmes, pero peor, porque no es tanto que no se conozca la biografía del autor, es que directamente no se conoce al autor. Hay toda una estirpe de escritores similar. Edgar Rice Burroughs, por ejemplo, ofrece un caso muy parecido al de Barrie por el tipo de obra que le otorgó la fama. ¿Quién es Edgar Rice Burroughs y qué escribió? Nadie lo sabe, pero si lo buscáis en el índice de este libro, ¡sorpresa!

El problema de que fuera Disney quien diera fama al personaje y nadie se moleste en leer la obra original protagonizada por Peter Pan reside en que hay que edulcorar la historia con mucha luz y color, mucho optimismo y final feliz, porque si no pasa lo que con *Dumbo* de 1941 y la psicodelia de la famosa escena de los elefantes rosas, que traumatizó a una generación entera de niños.

Es verdad que buena parte de la inspiración de James Matthew Barrie para dar vida al personaje —*Peter Pan y Wendy* fue representada en 1904 y publicada como novela en 1911, con una aparición previa a este conjunto en *El pajarito blanco* (1902)—, así como del mensaje que nos transmite el personaje, su mundo y sus aventuras vienen de los pensamientos más felices. Es decir, de la idea de que la imaginación literaria de los cuentos y su fantasía proporcionan la evasión perfecta —al lector, pero también al creador— para escapar de cualquier penuria, o de la aspiración a que la ilusión de vivir libre de responsabilidades de los niños, ese juego perpetuo que hacen de la existencia, contagie a los adultos.

Sin embargo, tras la cortina de las ilusiones hay un fondo de acontecimientos dramáticos del que la obra es, para el autor, una superación de sí mismo y de sus circunstancias.

La afición de Barrie por contar cuentos en plena infancia resulta inspiradora, pero surge tras la muerte de su hermano David para evasión de su madre; una madre depresiva que nunca logró recuperarse de la pérdida y que dejó a Barrie huérfano de cariño. Para consolarla, el escritor tuvo que vestir las ropas de su hermano durante un tiempo.

La voluntad de preservar en la madurez el espíritu de perpetuo entusiasmo por la vida de un niño insufla energía, pero tiene su correlato en el trastorno de enanismo psicógeno que padeció Barrie. Se trata de un bloqueo de la hormona del crecimiento debido a carencias afectivas en la infancia. En suma, Barrie apenas llegaba al metro y medio de estatura y no pasó por una pubertad normal.

Por último, el protagonismo que cobran los niños en *Peter Pan* es revitalizante y conmovedor, como su gesto de apadrinar y hacerse cargo de George, John, Peter, Michael y Nicholas, los cinco hijos de la familia Llewelyn Davies tras la muerte de sus padres —con los que mantenía una gran amistad—. De esos Niños Perdidos a los que tanto quiso y con los que tanto jugó nació el compromiso narrativo y vital con el país de Nunca Jamás, y se mantuvo más allá de su muerte, pues legó los derechos de autor de *Peter Pan* al Great Ormond Street Hospital, el que fuera primer hospital para niños de Inglaterra.

Pero lo que Barrie tuvo que sufrir cuando la realidad, con sus accidentes y sus desgracias, se impuso a la imaginación fue terrible: George murió en la Primera Guerra Mundial, y Michael se ahogó en Oxford. Por su parte, Peter, que tanto escribió sobre su protector, se suicidó con sesenta y tres años saltando a las vías del metro de Londres.

Toda esa oscuridad no está en el *Peter Pan* de Disney, pero sí en la obra de Barrie. ¿En 2024 habrá película?

48

Realidad y ficción de Emilio Salgari
(1862-1911)

Emilio Salgari pertenece a la estirpe de escritores que han forjado a los grandes lectores de nuestro tiempo. Junto con Robert Louis Stevenson, Jack London y quizá por encima de todos ellos Julio Verne —con quien siempre se comparó a Salgari, incluso dándole el sobrenombre de «el Verne italiano»—, muchos niños y jóvenes echaron a volar su imaginación y experimentaron por primera vez el inmenso placer de quedar atrapados durante interminables horas en apasionantes mundos de ficción. Una experiencia que cuando se vive nunca se abandona.

En Salgari, que publicó ochenta y cuatro novelas, como en Verne —imposible no compararlos—, nos deleitan innumerables aventuras en las que el mar y los viajes son protagonistas indiscutibles. Pero en Salgari, a diferencia de Verne —imposible no distinguirlos—, no median los adelantos técnicos ni el progreso científico en el limpio canto al juego, al riesgo y a la libertad en los apasionantes trances que nos presenta la vida.

Con todo, en Salgari la trampa de la ficción nos juega una mala pasada. Esa literatura optimista, feliz, dedicada al maravilloso acto de vivir y de disfrutar la vida; esa literatura viajera, heroica y aventurera que ha servido y sirve para curtir a jóvenes lectores; esa literatura superventas que superó en algunos casos la barrera de los cien mil ejemplares —auténtico e inimaginable récord por entonces— prometiendo el bienestar y la alegría para su creador, choca toda ella de bruces con la realidad.

Primero porque Salgari no fue ningún aventurero. No completó su formación ni obtuvo licencia como capitán, y su único viaje por mar lo hizo como turista atravesando el Adriático. Fue, ante todo, un ratón de biblioteca y un consumado documentalista. Segundo, porque los últimos años de su vida fueron nefastos, y terminó en la mayor de las tragedias: su suicidio en 1911, a los cuarenta y nueve años.

Lo intentó dos años antes en su propia casa, haciendo uso de un arma blanca de su colección privada. Solo la intervención de su hija Fathima logró salvarle entonces. Nada se pudo hacer en el segundo caso: se dirigió a un bosque urbano de Turín y se abrió abdomen y cuello. Hay quienes han querido matarle con la espada de Sandokán, aduciendo que se practicó el harakiri con una espada malaya dado que disponía de ellas; un pintoresco vínculo con su obra que quizá obvia la herida del cuello. Los biógrafos más informados atribuyen la causa de la muerte al corte del cuello con una navaja de afeitar o cuchillo de cocina. No hubo autopsia, en cualquier caso.

Las desgracias que alimentaron su pena y desesperación y le condujeron a tan insospechado final para el inocente lector de su obra fueron, de una parte, las alteraciones psíquicas causadas por la sífilis y el consiguiente estado depresivo y mermada salud en los que se encontraba en sus últimos años de vida. Una exigua alimentación, insuficiente descanso, demasiado alcohol y cerca de un centenar de cigarrillos al día. La sífilis la experimentaba de manera incipiente el propio escritor, pero la sufría en avanzado estado de manifestación su mujer —a la que contagió Salgari—, llevándola a ingresar en un manicomio tan solo seis días antes del malhadado suceso.

De otra parte, de las cartas de suicidio del escritor a sus hijos, editores y periódicos se deduce el precario estado de la economía familiar —con cuatro hijos que alimentar— resultado, a tenor de la versión ofrecida por Salgari y sus hijos, de los malos tratos de los editores. Que esa precaria situación económica se debiera a las malas artes editoriales o, por el contrario, a una administración deficiente de sus caudales es algo que desconocemos, aunque resulta más plausible la mala gestión si comparamos los contratos suscritos y las cantidades pagadas con los sueldos medios percibidos entonces en Italia.

Sea como fuere, y sin conocer del todo su grado de ficción o de realidad, Salgari dejó escrito a los editores:

> A vosotros, que os habéis enriquecido con mi piel, manteniéndome a mí y a mi familia en una continua semimiseria o aún peor, solo os pido que en compensación de las ganancias que os he proporcionado os ocupéis de los gastos de mis funerales. Os saludo rompiendo la pluma.

49

Miguel de Unamuno: legado y vicio del ajedrez
(1864-1936)

La novela de don Sandalio, jugador de ajedrez es, además de una obra absolutamente desconocida para el lector medio —circunstancia justificada por su enorme dificultad—, una de las más ambiciosas de Miguel de Unamuno. Se trata de un relato sin argumento, sin rasgos psicológicos para el protagonista, una novela que vive quizá demasiado del simbolismo, tanto que sería mucho más preciso decir, con el hispanista Donald L. Shaw, que directamente no hay relato, solo símbolos.

Entre otros, los representados por el tema central del libro, el ajedrez, que encarna autenticidad, búsqueda, libertad, inmortalidad y, frente a todas estas cualidades positivas, la agonía y la obsesión. Si la agonía es conflicto reservado a los grandes maestros —exteriorización de las violentas e irresolubles luchas internas del genio—, la obsesión es un rasgo universal que todos los que han pasado por los 64 escaques han sufrido alguna vez.

También Unamuno, que en 1910 confesaba en *La Nación* de Buenos Aires, en el artículo «Sobre el ajedrez», incluido dos años después en el volumen *Contra esto y aquello*:

En mis mocedades, había caído bajo la seducción de la mansa e inofensiva locura del ajedrecismo [...], durante mis años de carrera, en Madrid, hubo domingos en que invertí lo menos diez horas en jugar al ajedrez. Este juego, en efecto, llegó a constituir para mí un vicio, un verdadero vicio.

Vencida con orgullo personal su «ajedrecimanía», el bilbaíno abominó un tanto del ajedrez. No lo quería en los planes de estudios como recurso educativo: «El ajedrez, para juego, es demasiado, y para estudio demasiado poco»; «temo tratar a mis alumnos y discípulos como peones, alfiles, caballos y torres de ajedrez». Tampoco veía caballerosidad en la actitud de los contendientes, repleta de antipatías, ni concedió el reconocimiento incontestable de la inteligencia en sus jugadores: «El ser un coloso en el ajedrez no prueba sino que se es un coloso en el ajedrez».

Pero resulta patente que el ajedrez, a pesar de los pesares, forma parte del legado literario y vital de Unamuno. El juego tendrá presencia en sus obras más notables, como *En torno al casticismo* —para arremeter contra los tradicionalistas—, *Del sentimiento trágico de la vida* —para analizar la conducta humana— y *Niebla* —para franquear las confesiones de su protagonista—. Y hasta en su descendencia. Dos de sus hijos, Pablo y José, se convertirán en destacados ajedrecistas, venciendo el primero al campeón del mundo Alexander Alekhine en unas simultáneas disputadas en Salamanca en 1944. En nuestros días, su tataranieto, Miguel Santos Ruiz —descendiente de Fernando, primogénito de Unamuno—, conseguirá el título de Gran Maestro Internacional por la FIDE en 2019.

50

Las contradicciones de Jacinto Benavente
(1866-1954)

Los rasgos definitorios de Jacinto Benavente son cuatro: entrega incondicional al entretenimiento para satisfacción de la clase acomodada, fecundidad, triunfo y contradicciones.

De la fecundidad, que dijo Fernando Lázaro Carreter —literaria, claro, hijos no tuvo—, dan fe sus ciento sesenta obras de teatro, más poemas, cartas, crónicas, conferencias y otros textos, amén de sus traducciones, *El rey Lear*, de Shakespeare, y el *Don Juan*, de Molière, entre las más destacadas.

De la muy favorable conexión con la burguesía de la Restauración, baste esta frase del dramaturgo: «Yo no escribo comedias para el público, sino que hago público para mis comedias».

Del triunfo vale con recordar que fue nuestro segundo premio Nobel de Literatura (1922), aunque pasó por un comienzo injustamente truncado por la crítica —de su primer estreno y comedia, *El nido ajeno* (1894), solo habló bien Azorín—, una posguerra de vida y obra algo trasnochadas, y otra vez la persecución de medrantes y críticos si se relajaba lo más mínimo —Ramón Pérez de Ayala entre sus más feroces detractores—. También se puede mencionar que sustituyó a Menéndez Pelayo en la Real Academia Española, sus giras por Hispanoamérica, que fue hijo adoptivo de

Nueva York, Gran Cruz de Alfonso XIII... y lo más importante, salió a hombros del público al término de sus más memorables estrenos y obras cumbre: *Los intereses creados* (1907), *Señora Ama* (1908) y *La malquerida* (1913).

Y de las contradicciones, que es lo que tiene más relevancia para este anecdotario, cabe destacar un batiburrillo de creencias. Así, fue modernista, pero nada noventayochista, es decir, que en su teatro hubo una estética, más que una ética. Fue diputado a Cortes por Madrid, de los de Maura, pero hizo poco y nada. Durante la Gran Guerra se declaró germanófilo, pero después de su viaje a Rusia solo le faltó formar parte de la Internacional, aunque en Málaga dio un discurso antirrepublicano en 1935. Cuando estalló la Guerra Civil participó de la propaganda republicana, pero terminó el conflicto y salió al balcón del Ayuntamiento de Valencia con el general Aranda a gritar vivas a España.

De no entenderse estos vaivenes, quizá haya que encontrar las razones más arriba —fecundidad, público y triunfo son difíciles sin contradicciones—, o en aquellas famosas palabras de su personaje Crispín: «Mejor que crear afectos es crear intereses».

51

El cordial y agresivo brazo de Valle-Inclán
(1866-1936)

A Mateo Alemán solo le faltó perder el brazo para ser el calco absoluto de Cervantes: los dos coetáneos, los dos funcionarios, los dos exconvictos, los dos malcasados, los dos inventores de la novela moderna. Al exagerado Ramón María del Valle-Inclán, por contra, le bastó con perder el brazo para igualarse con Cervantes, quien, aunque inútil de mano izquierda sí, manco nunca fue.

Ocurrió en el Café de la Montaña, hasta principios del siglo XX en la Puerta del Sol, 2, planta baja del también desaparecido Grand Hôtel de París —o Fonda de París, con menos aires—. Aún se puede leer la placa municipal conmemorativa: «Aquí estuvo el Café de la Montaña. Lugar de tertulia del escritor Ramón del Valle-Inclán». Como si fuera solo suyo, y quizá lo fue.

La discusión que tuvo con el periodista Manuel Bueno Bengoechea acerca de si un cierto duelo debía o no producirse en cuanto que había dudas sobre la edad de uno de los contendientes, llegó a las manos. De una parte, la de Valle-Inclán fue a pertrecharse de una jarra de agua —en otras versiones que cuadran más con el espíritu del escritor-personaje, una botella de tinto—. De otra, la de Bueno fue a blandir su bastón, del que se protegió el escritor con su brazo izquierdo, produciéndole una herida después derivada en infección. Unos dicen que un gemelo hundido en carne, otros que una fractura incurable...

Pero lo mejor de la anécdota fueron las innumerables invenciones que unas veces él, otras Ramón Gómez de la Serna, otras quizá Pío Baroja —que se lo encontró manco al regresar a Madrid en 1899— contaron sobre el acontecimiento que dio lugar a la amputación del brazo, todas ellas por suerte recogidas en el disparatado tebeo *Don Ramón María del Valle-Inclán. Viejo, fantasioso y genial* de la disparatada *Vidas ilustres*, colección de 338 títulos dedicada a grandes figuras históricas publicada entre 1956 y 1974 por la extinta Novaro Editores (México).

Primero, de cómo lo perdió: que si una leona, que si un cocodrilo, que si un bandido mexicano, que si una amada que no quería dejarlo marchar, que si él mismo para que no faltara estofado.

Segundo, para qué lo utilizó una vez perdido: para colgarlo de una aldaba y dar facilidad a los visitantes para tocar la puerta; para ofrecerlo como reliquia de carne y hueso en una iglesia; para golpear a sus imitadores; para enviarlo con objeto de estrechar manos a distancia; o para rascarse la espalda a gusto.

Tercero, de cómo fue la amputación: sin anestesia y sin su larga barba, afeitado por completo y con un cigarro puro, para verlo todo bien y a gusto. Se remacha en el cómic que después de la intervención «siguió tan cordial y agresivo como siempre».

52

Las drogas de Proust
(1871-1922)

De Marcel Proust se pueden contar un sinfín de datos absurdos y anécdotas fáciles. Hay un libro entero dedicado a ellos, *El proustógrafo*, de Nicolas Ragonneau, con sus infografías y todo. Según leemos, se batió en duelo una vez; nunca tomó el metro; se mudó cinco veces y ocupó seis viviendas en París; del piso del bulevar Haussmann utilizó una sola habitación de las seis disponibles y la insonorizó con placas de corcho; nunca recibió a más de una persona en su casa para cenar al mismo tiempo; lució cinco tipos de bigotes a lo largo de su vida —lápiz, morsa, manillar, Chevron y Charlot— y empleó ocho pseudónimos —Y, Étoile Filante, De Brabant, Bob, Pierre de Touche, Fusain, Dominique y Horatio—; escribió una barbaridad de cartas, se estima que en torno a cien mil, de las cuales se conservan treinta mil; sus *paperoles*, o tiras de papel para añadidos y correcciones para *En busca del tiempo perdido*, llegaron a medir más de metro y medio de largo (la que más, 160 centímetros, casi tanto como él, que medía 168).

También fue uno de los mayores toxicómanos de la historia de la literatura, información que se desconoce o se tiende a obviar porque cuando eres uno de los tres, cuatro o cinco autores más influyentes de la literatura universal tu obra habla por ti. El mito y la fama es tu obra, no tu reputación de escritor maldito, y que fueras drogado todo el día importa menos.

Proust se gastó seis mil francos en estupefacientes durante el año 1919 —unos treinta seis mil euros de hoy—. Es decir, se gastó en drogas más que todo el Premio Goncourt —cinco mil francos— que ganó ese mismo año por *A la sombra de las muchachas en flor*. Simple calderilla para él, quien llegó a disponer de una fortuna de un millón y medio de francos, el equivalente a seis millones de euros actuales.

Consumió un catálogo extenso de fármacos, somníferos y estimulantes, con los que buscó atemperar el asma —belladona, polvo de Legras, morfina— y los dolores de estómago —laxante cáscara sagrada—; combatir la ansiedad, sobre todo a base de trional —el sedante psicotrópico que utilizó durante más tiempo— y otros como tetronal, dial-ciba, didial y veronal —de este último tomó al día el doble de la dosis recomendada—; inducir el sueño y sumirse en el olvido, con opio y valeriana; ¡y escribir!

La frase de Proust se alargó un 30 por ciento en el periodo de diecisiete años que tuvo lugar entre su primera publicación, *Los placeres y los días*, y *En busca del tiempo perdido*. En sus esfuerzos de escritura tuvieron mucho que ver, dado su cansancio crónico, las inyecciones de adrenalina combinadas con el café y la cafeína, que en Proust son dos cosas iguales pero distintas, pues la una no quitó la otra. En suma, tomaba hasta diecisiete tazas de café combinadas con una pastilla de cien miligramos de cafeína. Fue capaz de escribir frases de hasta 931 palabras.

53

Churchill duerme como un niño
(1874-1965)

Septiembre de 1939. Polonia cae en poco más de un mes en manos alemanas y soviéticas. Las tropas de Hitler entraron desde y hacia el oeste para encontrarse en la ciudad de Brest-Litovsk donde antaño firmaran los bolcheviques y el káiser. La *blitzkrieg*, lo llamaron muchos después —muy pocos por entonces—. La guerra relámpago a la que Gran Bretaña y Francia contestaron con la *drôle de guerre* (la «guerra de broma») lanzando panfletos a los alemanes para llamarles al orden. Como veis, repasar la historia desde el presente tiene estas diversiones.

Mientras tanto, Winston Churchill dormía la siesta. Una hora. Una hora mínimo. Es decir, la siesta que duermen los padres en fin de semana y los abuelos todos los días. Pero en la cama y en pijama. Una señora siesta británica.

Y vio Dios que era bueno. Parece que fue gracias a esas siestas que Churchill había tomado la costumbre de hacer en la Gran Guerra, y que reeditó durante toda la Segunda Guerra Mundial, que el político logró rendir lo que rindió:

> Siempre me acostaba por lo menos una hora, lo más temprano posible, a primeras horas de la tarde, y aprovechaba al máximo mi

afortunada capacidad para caer casi de inmediato en un profundo sueño. De este modo conseguía hacer en un día el trabajo de un día y medio. La naturaleza no dotó al hombre de la capacidad para trabajar desde las ocho de la mañana hasta medianoche sin el descanso que brinda la bendita inconsciencia que, por más que solo dure veinte minutos, basta para renovar todas nuestras fuerzas vitales. Lamentaba tener que dormir la siesta, como si fuera un niño, pero lo compensaba porque era capaz de trabajar por la noche hasta las dos de la mañana, o a veces hasta más tarde, y comenzar la jornada siguiente entre las ocho y las nueve.

El Viejo León tenía facilidad para caer dormido. Ni en los momentos más duros de la guerra padeció insomnio —«aunque el cañoneo de pequeños ataques aéreos hacía que me revolviera de vez en cuando»—. Es cuando menos anecdótico que muchos acontecimientos de relevancia sean juzgados por Churchill en función de la calidad de su descanso. En sus memorias bélicas *La Segunda Guerra Mundial* (1948), de las que proceden los fragmentos citados anteriormente y por las que entre otras obras históricas le fue concedido el Premio Nobel de Literatura en 1953, he contado un total de cuarenta y ocho pasajes en los que se refiere a cómo y dónde dormía, y no pocos de ellos sirven de colofón a momentos de gran importancia histórica. Cuando Estados Unidos entró por fin en la guerra, escribió: «Me fui a la cama a dormir, agradecido, el sueño de los justos». Tras el final feliz de su complicado encuentro con Stalin: «Dormí profundamente durante muchas horas». Cuando fue elegido primer ministro: «Dormí profundamente, sin necesidad de sueños alentadores. Después de todo, los hechos son mejores que los sueños».

54

Antonio Manchado, el catedrático sin licenciatura
(1875-1939)

Las razones por las que uno puede querer aspirar a un mayor grado —que no cargo— académico son, en esencia, tres: el reconocimiento personal y profesional que le hacen a uno por su trayectoria docente e investigadora, esto es, la autosatisfacción del trabajo bien hecho; las nuevas prerrogativas adquiridas con el nuevo grado —un destino permanente, reducción de horas docentes, presencia en foros académicos internos de importancia, la cohorte avispeadora de becarios, ayudantes doctores y adjuntos, que le facilitan a uno la vida, etc.—; y la correspondiente subida de sueldo, no hay que olvidarse de la subida de sueldo. Quie-re decirse que en esto del grado académico existen razones de prestigio, junto con otras instrumentales. Queda dicho y ahora veremos por qué.

Antonio Machado fue ante todo poeta, pero es que además quiso ser solo poeta. Sin embargo, nadie puede ser solo poeta. Si muy pocas personas pueden ser solo escritores, ¿os imagináis que alguien fuera solo poeta? Machado tuvo que encarnar el estereotipo —si acaso fue incluso prototipo— del poeta moderno: el profesor de Secundaria y Bachillerato que es poeta.

Las razones que le llevaron a la docencia fueron, por tanto, meramente instrumentales: un sueldo del que vivir para poder ejercer en paralelo su verdadera vocación, y un grado académico suficiente para asegurar su permanencia y, con el tiempo, quién sabe si su destino soñado, Madrid, meollo de la actividad política, intelectual y literaria del momento, aquella Edad de Plata de la cultura española.

A los treinta y dos años, guiado por Francisco Giner de los Ríos, se presenta a las oposiciones para la cátedra de Francés en la enseñanza media. Al cabo de un largo año obtendrá una de las siete plazas ofertadas entre ciento veinticinco candidatos, convirtiéndose en un «profesor apócrifo», que diría en el subtítulo de su *Juan de Mairena*, su primer y último libro en prosa. Quedó el sexto y solo dos opciones entre las que elegir, Orense y Soria, lo que le llevó al Instituto General Técnico de esta última ciudad. Tras la muerte de su mujer vendrá el traslado a Baeza. ¿Y por qué no a Madrid? Porque era catedrático, sí, pero no licenciado.

En aquel momento no se exigía la licenciatura para las oposiciones a catedrático, bastaba con ser bachiller —quién hubiera pillado aquellos años veinte, si no fuera por lo que habría de venir después—. De nuevo por razones instrumentales, para asegurarse una mejor posición entre los funcionarios competidores y tener preferencia en la selección de destino en los concursos de traslados, se matriculó, ¡con sesenta años!, en la carrera de Filosofía y Letras de la Universidad Central.

Si como estudiante de Bachillerato había sido un desastre, como estudiante universitario no lo fue menos. Dámaso Alonso fue el encargado de levantar la liebre cuando le contaron compañeros suyos la *performance* de Machado ante el tribunal de Metafísica: «No daba pie con bola». Le salvó su fama, el respeto que se le debía a su condición de genial poeta, y también alguna que otra carta al profesor de turno a modo de *captatio benevolentiae*, cuando no de peloteo.

Si con la licenciatura obtenida consiguió destino en Segovia, el tan deseado Madrid vino al final no tanto a causa de su mérito personal como de su condición de republicano y de apoyo público al nuevo régimen, gracias al cual obtuvo plaza en comisión de servicios en el nuevo Instituto Calderón de la Barca y de ahí, por el cauce habitual de traslados, al Instituto Miguel de Cervantes, en el que no llegó a dar clase por el estallido de la Guerra Civil.

Con todo, no es que fuera mal profesor, eso tampoco. Por diversos testimonios de sus alumnos y colegas en diferentes destinos sabemos que se tomó en serio su labor, porque era recordado por un buen maestro: era bondadoso y comprensivo con cada uno de sus estudiantes, los atendía de manera personal siempre que tenía la ocasión, y leía y comentaba a los alumnos los libros que recibía del extranjero.

Además, no suspendía a nadie, gesto salvífico que no le valió de mucho frente a la malicia estudiantil, que le puso el mote de Antonio *Manchado*. Por la ceniza, ya que era empedernido fumador —todo él iba sucio de la ceniza del tabaco—, y los restos de comida y bebida con que manchaba los ejercicios y exámenes que corregía.

Amores polémicos

Se ha hablado en esta anécdota de la muerte de Leonor Izquierdo, esposa por muy poco tiempo de Antonio Machado. Se casaron en 1909: nuestro poeta tenía treinta y cuatro años; ella, tan solo quince. La diferencia de edad ya dio que hablar entonces, cuánto no habría de dar que hablar ahora.

El matrimonio duró tres años. Leonor murió en 1912, a los dieciocho, de tuberculosis. Llegó a ver publicada ese mismo año de su muerte la primera edición de *Campos de Castilla*, la obra que, aun con numerosas modificaciones posteriores, hizo a su marido inmortal. Machado nunca se volvió a casar, si bien mantuvo a su paso por Segovia una relación de amor platónico con la también poeta y dramaturga, por más señas casada y con hijos, Pilar de Valderrama.

55

Burroughs el Comercial
(1875-1950)

Muchos grandes escritores con un envidiable ritmo de escritura y una consecuente gran cantidad de publicaciones a sus espaldas empezaron así, leyendo historietas de género en las revistas *pulp* y publicando en ellas las suyas propias. Asimov se dedicaba a eso en los ratos libres del trabajo en la tienda de chucherías de sus padres y acabó escribiendo cerca de quinientos libros. Edgar Rice Burroughs no llegó a tanto, pero sí a unas también inalcanzables sesenta y ocho novelas.

Veinticinco de ellas pertenecieron a la serie literaria del inmortal héroe popular y arquetipo masculino ocasional —cada vez más ocasional, para unas por suerte y para otros por desgracia— Tarzán «de la jungla» para los cinéfilos y «de los monos» para los bibliófilos. Burroughs comenzó con el personaje por entregas en la revista *The All-Story*, viendo la luz dos años después, en 1914, como novela en *Tarzán de los monos*.

Antes de ser escritor fue un comercial sin éxito, pero después arrasó en los negocios. En 1919 compró una finca en Hollywood para construir el rancho Tarzana. Hoy la hacienda da nombre a todo un distrito de Los Ángeles donde viven grandes estrellas; por ejemplo, Jamie Foxx o Eva Longoria. Se hizo el casoplón para poder vivir cerca del rodaje de sus películas. Como curiosidad, la hija de Burroughs se casó con el cuarto intérprete de Tarzán, James Pierce. En 1923 fundó su propio sello editorial para publicar sus libros, y en 1950 murió y se convirtió en el escritor más rico del cementerio: cincuenta millones de ejemplares vendidos o, lo que es lo mismo, el autor más vendido del mundo en aquel momento. No fue, en cualquier caso, ningún comodón, como demuestra este dato final: fue el corresponsal de mayor edad en realizar una cobertura de la Segunda Guerra Mundial con sesenta y seis años para *Los Angeles Times*.

Los herederos del escritor siguieron la estela empresarial del patriarca y el eco de los gritos del Tarzán más famoso, el del actor Johnny Weissmüller, su primera aparición en la gran pantalla (1932), continúan resonando en nuestros días. El selvático alarido se quiso registrar como marca... imaginaos si hasta suena como tono de llamada del móvil. Todavía persiste el litigio, la Oficina de Propiedad Intelectual de la Unión Europea se niega: «Es imposible reconocer si el sonido representado es una voz humana u otra cosa».

56
Virginia Woolf, periodista
(1882-1941)

Virginia Woolf decía que una mujer necesita dinero y una habitación propia para escribir ficción. Entiendo el sentido de la máxima, porque para una mujer era más difícil que para un hombre conseguir una cosa para tener la otra, aunque en realidad hombres y mujeres de ayer y de hoy precisan esos mismos recursos para escribir: estabilidad económica y tiempo para uno mismo.

Otra cosa que puede ser necesaria, aunque no obligada —se puede escribir ficción trastornado, en ocasiones con muy buenos resultados—, es la estabilidad personal. De eso Woolf tuvo poco: la muerte de su madre a los trece años, la de su padre a los veintidós, los abusos sexuales que sufrió de sus hermanastros, la relación extramatrimonial con la también escritora Vita Sackville-West, al menos dos intentos de suicidio y un tercero que se la llevó...

Da igual. Dinero y habitación propia sí tuvo. Lo que se suele olvidar es que le vinieron de escribir no ficción. Pero no ensayos, sino artículos y críticas. Virginia Woolf fue, primero de todo, periodista.

Así se refería a sus comienzos en *Una habitación propia*:

Contar mi historia es simple. Solo tienen que imaginarse a una chica en un dormitorio con un lápiz en la mano. Solo tenía que mover ese lápiz de izquierda a derecha de las diez en punto a la una. Entonces se le ocurre hacer lo que es lo suficientemente simple y barato después de todo, meter algunas de esas páginas en un sobre, fijar un sello de centavo en la esquina y dejar caer el sobre en el buzón de correos de la esquina. Fue así como me convertí en periodista; y mi esfuerzo fue recompensado el primer día del mes siguiente —un día muy glorioso para mí— por una carta del director que contenía un cheque de una libra y una decena de peniques.

A los nueve años tendrá su primera experiencia periodística, el diario casero que publica con su hermana Vanessa, *Hyde Park Gate News*, y que rivaliza con el de su hermano Adrian, *The Talland Gazette*. A los veintidós publicó sus primeros artículos profesionales, aunque anónimos. Lo hizo en el suplemento femenino de *The Guardian*: una reseña sobre el escritor W. D. Howells y una crónica de su visita a Parsonage, donde vivieron las hermanas Brontë y que hoy es una casa museo. Después vendrán los prestigiosos *The Times Literary Supplement*, *The Nation & Athenaeum*, *New Statesman*, cubriendo con un sentido crítico fuera de lo común una gran variedad de temas.

57

James Joyce empresario
(1882-1941)

Durante una década larga, de 1905 a 1915, James Joyce vivió en Trieste, por entonces parte del ya descuidado y a punto de desmembrarse Imperio austrohúngaro. Tuvo sus idas y venidas. Primero, porque la ciudad no le convencía. En 1906 se traslada a Roma para trabajar en un banco, pero Roma le convence todavía menos y vuelve a Trieste un año después. Al final vivió allí una de las mejores décadas de su existencia.

Segundo, porque, aunque se ganaba la vida como profesor, el propósito de mejorar su posición económica —esto es algo que, como sea, todos los profesores procuran lograr al menos una vez en la vida— le llevó de regreso a Dublín para emprender diversos negocios, amén de intentar la publicación de *Dublineses*: organizar la importación de *tweed* irlandés a Europa con la Dublin Woollen Company, pero también montar el primer cine que tuvo Irlanda en su historia.

La idea vino de Eva Joyce, hermana del escritor, quien andaba en aquellos momentos melancólica de la vida dublinesa. Sin embargo, había al menos una cosa que sí le gustaba de Trieste: los cines de la ciudad. Comentó con su hermano cuánto le extrañaba que, en Dublín, que era mucho más grande, no hubiera ni una sola sala, y el escritor vio la oportunidad de amortizar un nuevo traslado a Irlanda.

Contactó con Antonio Machnich, líder de un grupo de empresarios propietarios de dos cines en Trieste, el Edison y el Americano, y otro en Bucarest, el Volta: «Sé de una ciudad de medio millón de habitantes en la que no hay ni un solo cine». El grupo puso su atención no solo en Dublín, sino también en Belfast y Cork con vistas a una ambiciosa expansión por toda Irlanda.

Joyce consiguió para sí un 10 por ciento de los beneficios que pudieran obtenerse de esta aventura empresarial, de la que él sería embajador en su país de origen, un porcentaje nada desdeñable si se tiene en cuenta que los gastos de representación fueron sufragados por el grupo de empresarios y el propio Joyce no aportó ningún capital a la empresa.

Llegó a Dublín el 18 de octubre de 1909, y dos meses después, el 20 de diciembre, el Volta Electric Theatre, sito en el 45 de Mary Street, estaba listo para su primera proyección. Joyce mismo se encargó de comprar y supervisar la instalación de los bancos de madera —tíquet estándar— y doscientas sillas Windsor —tíquet confort—, así como de diseñar los pósters de la entrada.

Joyce vivió un tiempo en la parte de arriba del cine para ahorrarse la pensión. Dos meses y medio después de poner en marcha con éxito el primer cine de Irlanda, y convertirse en el pionero del séptimo arte en su país, volvió a Trieste. Sin él, la empresa decayó y finalmente desapareció. Fue vendida a la Provincial Theatre Company y los socios negaron a Joyce su parte de la venta por las pérdidas que les había ocasionado.

Carl Jung sobre el *Ulises*

Nada se ha dicho del *Ulises* en este capítulo, algo de todo punto inadmisible cuando se habla de Joyce. En la década de los treinta, en uno de sus múltiples viajes a Suiza para afrontar alguna de las nueve operaciones de ojos a las que se sometió y acompañar a su hija Lucia en sus tratamientos contra la esquizofrenia que padecía, acudió a la consulta de Carl Jung, quien con el *Ulises* en mente afirmó que ambos, padre e hija, se iban hacia el fondo de un río. Lucia porque se hundía. James porque buceaba.

58

Ortega y Gasset: elitista quizá, mimado nunca
(1883-1955)

Si tu abuelo funda y es propietario de un periódico, y tu padre lo dirige, muy mal se te tiene que dar para no tener la vida resuelta. Pero de ahí a que te la regalen... Corría el año de 1905 cuando un recién doctorado José Ortega y Gasset comenzaba estudios en Alemania. Su padre, el académico de la Real Academia Española José Ortega Munilla, dirigía *El Imparcial*, periódico fundado por el abuelo Eduardo Gasset y Artime en 1867.

El joven filósofo podría haberse dedicado en exclusiva a su labor formativa e intelectual, que era lo que tocaba, y dejar que la fortuna familiar hiciera el resto, pero quiso ganarse el pan con sus letras. No perdió ocasión de enviar artículos con regularidad a la rotativa familiar —en la que casi nació, mismo edificio un piso más arriba— con la voluntad de costearse si no todos, al menos sí una parte de sus gastos.

El objetivo con estos envíos era que le asegurasen una colaboración en buenos términos:

> Quisiera, papá, con toda seriedad que se me organizara definitivamente, seguramente y moralmente algunos medios para vivir por y ante mí mismo.

No lo tuvo fácil. Buena parte de los textos enviados quedaron sin publicarse. En la misma carta decía:

> Dime si no te parecen bien mis notas y por qué, con objeto de mejorarme y enmendarme. Asuntos hay a sacos.

Las razones de la censura llevada a cabo por el padre ofrecen toda una lección de la naturaleza del oficio periodístico —a su hijo y a la posteridad—, o al menos una forma de verlo:

> Queridísimo hijo Pepe: recibo tus cartas y las leo muchas veces. Como estoy tan atareado y tan falto de tiempo y de descanso, no te contesto como debía. Recibí tu primer artículo, que guardo y no lo publico porque es demasiado personal, demasiado subjetivo, más propio de libro que de periodismo. Lo que escribas ha de ser trabajo mondo y lirondo, información ligeramente comentada. Eso es más aplicable a la vulgar curiosidad de los lectores de periódicos. Con que me mandes al mes tres articulitos y no llegue ninguno de ellos a una columna, bastará para que se cumpla tu generoso deseo. Guarda las cosas grandes para tu obra futura y llena estas cuartillas con las vulgaridades ingeniosas y amenas que el público pide. Yo también hago este sacrificio hace muchos años.

La respuesta de Ortega y Gasset para cumplir con el consejo paterno fue ofrecerse como corresponsal en Berlín; se estrenó como cronista del viaje de Alfonso XIII a la capital germana. Se le dio bien, pero no le gustó nada. Le venía pequeño. Su cabeza no estaba hecha para la urgencia que acaba con la hondura. Fue la primera y la última vez que se vio al filósofo convertido en genuino periodista, experiencia tras la que volverá a asumir en las rotativas su rol de columnista y crítico. Los piropos que dedicó a ese «gremio de pseudointelectuales chafados, llenos de resentimiento y odio hacia el verdadero espíritu» en su ensayo *Misión de la Universidad* dan buena cuenta de su opinión al respecto de la profesión.

Su obra periodístico-cultural intentó otro periodismo; iniciativa que, visto lo visto, el signo de los tiempos o el natural ser de España malogró. Al menos no fue un niño mimado.

59

Kafka y sus ochocientas
(1883-1924)

Pertenecía a una familia de comerciantes judíos, subminoría de la minoría de alemanes que hablan un minoritario alemán en la colosal Praga del Imperio austrohúngaro. Trabajó como corredor de seguros primero e inspector de accidentes laborales después. Frank Kafka, cuyo apellido trajo del alemán al checo su abuelo y significa algo así como «grajo», «pájaro negro» —el negro, vestimenta de muchos de sus personajes—, se convirtió con su exigua obra, por escasa, en el autor más influyente para los escritores del siglo xx, y aun del xxi.

Su proeza se llama rentabilidad, que es igual al rendimiento dividido por el esfuerzo. Ningún escritor ha obtenido tanto de tan poco —entiéndase el poco en cantidad—. En vida recibió elogios de Rilke, Musil, Hesse, Döblin... todos mayores que él y todos le sobrevivieron. Dichos elogios son por una obra publicada en vida que, si dejamos fuera documentos privados y las cartas que intercambió con sus amores, consiste en nueve títulos que suman doscientas cincuenta páginas; la extensión tipo, tirando por lo alto, de una novela estándar de hoy.

Publicó más muerto que vivo, de hecho. Su obra póstuma o inacabada es la más extensa, con cerca de seiscientas páginas entre relatos, observaciones, aforismos, diario y cartas, y tres novelas inacabadas: *El proceso* (publicada en 1925), *El castillo* (1926) y *El desaparecido* (1927). En total, la obra completa de Kafka suma unas ochocientas páginas, no más que cualquier ladrillo del realismo ruso. La primera edición, desoída la orden de su autor de quemar todo lo no publicado, la preparó su albacea, Max Brod, y se publicó en Berlín en 1935, momento y lugar poco oportunos. Años más tarde le leen André Breton y los surrealistas; también Camus, Gide y Sartre. Para cuando se publica la segunda edición de su obra completa en Nueva York entre 1950 y 1958, esas ochocientas páginas han conquistado Europa.

60

Rómulo Gallegos y los presidentes efímeros
(1884-1969)

Escritores que hayan participado alguna vez en política, prácticamente todos. Escritores que hayan obtenido cargos políticos, muchos. Pero escritores que hayan llegado a presidente —que no presidentes que hayan escrito un libro—, muy pocos, si bien en Hispanoamérica encontramos concentrados unos cuantos ejemplos.

El del cuentista Juan Bosch, hijo de un comerciante catalán, quizá sea el más conocido —hasta el punto de ser más famoso como político que como cuentista— por su aparición en *La fiesta del chivo*, de Vargas Llosa.

Disidente de la dictadura de Trujillo, hizo una fiera oposición en el exilio, y más fiera todavía a la muerte del dictador para ser elegido presidente de la República Dominicana en 1962. Le duró poco: siete meses después fue derrocado por el ejército. Era la década del miedo al comunismo y el apoyo de Estados Unidos a todo golpe de Estado al sur de su frontera; habría trujillismo para rato.

Bosch terminó sus días abjurando de la política para marchar a uno de los pocos lugares donde siempre se encuentra refugio y fidelidad, los libros.

A otro que lo tumbó un golpe de Estado fue a Rómulo Gallegos, el más grande de las letras venezolanas —*Doña Bárbara*, *Cantaclaro*—. La política llamó a su puerta en numerosas ocasiones antes de optar a la presidencia, pero nunca la abrió a un cargo que traicionara su conciencia. En 1931 el dictador Juan Vicente Gómez lo nombró senador por el estado de Apure, y marchó voluntariamente al exilio en Nueva York para evitar la imposición —entre otras, allí escribió la novela *Canaima*, otro clásico de la literatura hispana—. En 1936 vuelve a Venezuela y acepta ponerse al frente del Ministerio de Instrucción Pública a propuesta del reformista Eleazar López Contreras, pero renuncia pocos meses después. Gómez había muerto, pero el gomecismo seguía muy vivo en el Congreso.

Gallegos quedó entonces como diputado e inició una etapa política muy activa que le llevó a la presidencia en diciembre de 1947. La experiencia democrática duró menos de un año y fue depuesto en noviembre del año siguiente.

61

Nombre y traducción de Gabriela Mistral
(1889-1957)

Gabriela Mistral fue la primera —y el primero, digo, de entre todos los escritores— en conseguir el Nobel de Literatura para un país hispanoamericano. Se lo concedieron en 1945. Chile volvió a recibirlo, segundo y último, en 1971, con un Pablo Neruda que, por cierto, había sido alumno de Gabriela Mistral.

La escritora fue, eso sí, el segundo «Mistral» en ganar el prestigioso galardón. Se lo llevó primero, en 1904, el francés Frédéric Mistral, de quien Gabriela tomará el apellido, pero solo después de tomar el nombre del italiano Gabriele D'Annunzio. Admiraba sobremanera a ambos.

Tan famoso pseudónimo casi quedó más inmortalizado en México que en su Chile natal: el ministro de Educación mexicano José Vasconcelos inició en 1922 un plan de transformación de la enseñanza rural al que Mistral fue convocada para colaborar. Tal fue la huella que dejó su esfuerzo pedagógico que hoy casi dos centenares de centros educativos de todo el país llevan su nombre, que en verdad fue el de Lucila de María del Perpetuo Socorro Godoy Alcayaga.

El apellido vasco fue de un padre que, si bien huyó del hogar familiar cuando ella tenía tan solo tres años, dejó allí a cambio la cerilla de la literatura: unos versos que, encontrados por una joven

Lucila, prendieron la llama de la poesía. Llegó a autodefinirse como «india vasca» y a afirmar de su patria que Chile era el país más vasco de América. La relación con España se estrechó de 1933 a 1935, cuando, tras ejercer el cargo en Nápoles, estuvo al frente del consulado chileno en nuestro país. Fue la primera mujer chilena con un cargo diplomático.

En el mundo hispano, todo bien. En el anglosajón, pese a homenajes universitarios varios, no tanto. En 1946 la hispanista Margaret J. Bates advertía en *The Americas* que

> la razón fundamental por la que sabemos tan poco de esta destacada mujer que disfruta de tanta popularidad en el mundo hispanohablante es que el número tan limitado de poemas que se le han traducido al inglés apenas hacen entrever a la verdadera Mistral.

Tanto es así que tuvo que llegar una escritora en principio tan ajena a Mistral como Ursula K. Le Guin —ajena para los ajenos, pero tan cercana para los propios, porque sin ser su faceta más conocida, ella también era poeta—, tuvo que llegar Ursula K. Le Guin, decía, para hacer una traducción de su obra que intentara poner tras la pista de la poeta chilena al gran público anglosajón. Fue en septiembre de 2003 con la publicación del volumen *Selected Poems of Gabriela Mistral* en The University of New Mexico Press. Un total de 163 poemas seleccionados de entre *Desolación*, *Ternura*, *Tala*, *Lagar* y *Poema de Chile*, que mostraban el original en español acompañado de la traducción de la célebre escritora de ciencia ficción y fantasía.

De las notas introductorias a la edición de 2011, proceden estas palabras de tan especial traductora:

No hay otra voz en la poesía como la de Mistral, desde la milagrosa claridad de sus rondas y canciones de cuna, hasta la furia ardiente de sus poemas de amor, pasando por la oscura complejidad y el poder visionario de sus últimos trabajos. Espero que este libro pueda comenzar a devolverle a esta increíble poeta el reconocimiento que merece. Sobre todo, espero que llegue a manos de lectores que la amen.

62

Stalin telefonea a Pasternak
(1890-1960)

En estos tiempos de cultura de la cancelación, cuando uno publica un libro políticamente incorrecto puede temer insultos y mensajes de odio en las redes sociales; todo lo más, alguna que otra presentación del libro anulada por las protestas de un grupo de intolerantes y energúmenos. En los tiempos del totalitarismo duro, cuando uno publicaba un libro políticamente incorrecto podía temer el exilio, el campo de concentración o un tiro antes de ser arrojado a una fosa común o a una cuneta.

El atentado a la libertad de expresión está ahí en ambos casos, pero entiéndase la diferencia, porque solo así se entiende a su vez la angustia con que Borís Pasternak, premio Nobel de Literatura 1958, acudió al diario oficialista *Izvestia* para pedir a Bujarin que intercediera por su amigo, el poeta Ósip Mandelstam, arrestado tras un alarde de valentía o imprudencia —decidirse por una u otra desde nuestro cómodo demoliberalismo es quizá injusto—: culpabilizó a Stalin en uno de sus poemas de las hambrunas de los años treinta derivadas de la colectivización a gran escala. Mandelstam tuvo suerte en aquella ocasión, pues la condena consistió en el exilio a los Urales acompañado de su esposa; he dicho «suerte» porque se libró de ser mandado al gulag o asesinado. Más tarde, tras la caída en desgracia de Bujarin, Mandelstam será arrestado de nuevo y morirá en un campo de trabajo, dando fe de las palabras de Ismaíl Kadaré cuando afirmó que en una tiranía «la verdadera razón de cada una de las liberaciones solo podía ser la próxima detención».

Solo así se entiende también que, fruto de la incredulidad que debió experimentar Pasternak cuando, tras acudir al teléfono comunitario de su bloque de apartamentos, una voz le dice al otro lado de la línea que el secretario general del Comité Central del Partido Comunista de la Unión Soviética, Iósif Stalin, se pondría en breve al aparato, el escritor colgara creyéndose víctima de una broma pesada.

Solo así se entiende el pavor que debió experimentar Pasternak cuando el teléfono volvió a sonar y la misma voz le pidió que se mantuviera a la espera, que el secretario general hablaría con él.

Solo así se entiende que la sangre de Pasternak fuera enfriándose cuando el mismísimo Stalin le comunica la decisión adoptada en el caso Mandelstam, y alcanzara temperaturas bajo cero cuando el Padrecito le pregunta si es amigo del poeta.

La respuesta de Pasternak es un dechado del ingenio en el uso de la palabra que solo se alcanza en tiempos en los que un escritor se juega el pellejo: «Los poetas raramente hacen amigos. Por lo general se envidian entre sí». No hay un «no» rotundo —aunque resulte paradójico, Stalin detestaba a los delatores—, pero tampoco un «sí» claro. La respuesta a la siguiente pregunta, acerca de si Pasternak consideraba que Mandelstam era un verdadero maestro de la poesía, nunca se supo con certeza.

Según Stephen Kotkin, biógrafo de Stalin —ofreciendo una versión que, como lo anterior, coincidiría en lo esencial con la expuesta por Isaiah Berlin en *Encuentros con escritores rusos*—, Pasternak pudo responder que se explicaría mejor si pudiera ver a Stalin en persona, confiando en dilatar el encuentro hasta nunca, y que el secretario general colgó dilatando el encuentro, en efecto, hasta nunca. Según Kadaré, las versiones posibles de aquella conversación son trece, desglosadas una a una en su magistral e inconclusa *Tres minutos*. En todas ellas, sin embargo, prevalece una atenazante sensación de terror.

63

Donde Lovecraft apunta con su telescopio
(1890-1937)

Se dice —creo que fue Umberto Eco quien lo dijo— que para criticar algo primero hay que disfrutar secretamente de ello. Y se dice también que para fantasear sobre algo primero hay que conocerlo a la perfección.

Alguien como Howard Phillips Lovecraft, inventor de todo un cosmos de horrores siderales que siguen protagonizando el imaginario de nuestros miedos a pesar del siglo transcurrido —siquiera materializándose en corporeidades tecnológicas, pero con un mismo soplo paralizante—, pero también enemigo declarado de la astrología, tenía por fuerza que conocer la astronomía como base de su creación al mismo tiempo que de su feroz crítica.

A una edad tan temprana como los trece años comenzó a publicar artículos sobre el tema para periódicos locales y regionales. Las colaboraciones publicadas hasta los veintisiete (1903-1917) están recogidas en español en la antología de ingenioso título *El Astronomicon*. En esos textos demuestra un vasto conocimiento científico atesorado no solo a base de lecturas, sino mediante la experiencia.

Cerca de la casa familiar de Providence se alzaba el Observatorio Ladd, para el cual tenía permiso de visita, aunque en 1903 ya disponía de un primer telescopio de corto alcance —era de papel maché— que fue sustituido poco después por otro, regalo de su madre, de cincuenta a cien aumentos; tres años después se hizo con un Montgomery Ward, que conservará toda su vida. «No hubo ni una sola noche despejada sin una larga observación por mi parte, y el conocimiento práctico y directo así adquirido, siempre ha sido de la mayor utilidad para mí en mis escritos astronómicos».

Para esta afición venida a más con el tiempo, cuyo origen estuvo en la química —otro interés que no abandonó con los años, llegando a disponer de su propio laboratorio para experimentos caseros—, no le fallaron el entusiasmo ni la pasión. Sin embargo, no le dieron los números. Las dificultades que experimentó con las matemáticas, cruciales en el punto en que uno quiere convertirse en un verdadero astrónomo, le hicieron padecer serios colapsos nerviosos que llevaron a sus sobreprotectoras madre y tías a retirarlo de la carrera académica, quedándose a las puertas de cursar estudios en la Universidad de Brown.

Lovecraft se decantó entonces por la segunda acepción del término, la creación de monstruos, temores, misterios, espantos y mitos astronómicos procedentes de un espacio exterior insondable que hace diminuta a la humanidad y engrandece las dimensiones del tiempo y el espacio. Todavía nos sobrecoge porque nos recuerda lo frágiles que somos en realidad. Nos hace mirar bien arriba, donde Lovecraft apunta con su telescopio.

64

Agatha Christie, pionera del surf
(1890-1976)

Una de las características más notables de la obra de Agatha Christie, la novelista más vendida en todo el mundo, es su honestidad. La reina del crimen siempre brinda al lector las pistas necesarias para resolver los casos planteados en sus tramas *whodunit* —«¿quién lo ha hecho?»—. La solución llega de unir las piezas del puzle que han sido presentadas, idénticas tanto para el que lee como para el que protagoniza la novela. No hay trampa ni cartón, las reglas del juego son las mismas para todos. Otra cosa es que seamos tan ingeniosos como Poirot, quien, según cuenta en *La caja de bombones* (1923), solo habría fracasado por culpa suya una sola vez.

Este rasgo sobresaliente de su narrativa —convertir a sus lectores en detectives— ha provocado que durante años la anécdota más recurrente sobre la escritora fuera su desaparición, quizá el único misterio del que no dejó las suficientes pistas para quedar explicado por completo, ni siquiera para ella misma. El 3 de diciembre de 1926 fue hallado su coche con un golpe frontal —por cierto, Christie fue de las primeras mujeres británicas en contar con carnet de conducir—. Estaban sus pertenencias, pero no ella. Se la buscó durante once días por toda Gran Bretaña temiendo lo peor. El ministro del Interior dispuso a más de mil agentes para encontrarla, a los que se sumaron quince mil voluntarios, y fue la primera búsqueda de la nación que contó con medios aéreos.

Al final, los músicos de la orquesta del hotel Hydropathic la reconocieron entre los huéspedes del alojamiento. Se había registrado utilizando el nombre de la amante de su marido, con el que había discutido antes de salir en coche once días atrás. De lo ocurrido tras el choque, y cómo y por qué se alojó allí, no se conocieron nunca los detalles. «Fuga histérica» es el veredicto de los psicólogos.

A causa de tamaña movilización para un caso que podríamos calificar de metaliterario, queda ensombrecida otra anécdota: que después del príncipe Eduardo, la única persona de la que se tiene constancia que practicara el surf —manteniéndose en pie sobre la tabla, como se practica hoy— fue Agatha Christie, lo que la convertiría en una pionera de este deporte, que aprendió en Waikiki (Hawái), en uno de sus muchos viajes por el mundo. La autora explica en su autobiografía: «Aprendí que el momento cumbre del día era cuando iba a la playa. En ese momento conseguía mantener el equilibrio de pie sobre la tabla y dirigirme así hasta la orilla».

Y aparejada a esta anécdota, una posibilidad para nada remota —u otro misterio sin resolver—: además de Hawái, la tabla de surf le acompañó en sus viajes a Ciudad del Cabo, Australia y Nueva Zelanda; ¿pudo acompañarla también a sus admiradas playas de Las Palmas de Gran Canaria?

65

Papá Noel es Tolkien
(1892-1973)

Dotar de realidad a lo irreal y crear para el lector la ilusión de que lo inventado existe es una de las misiones principales —y más altos desafíos— del escritor de fantasía. Tiene tanto más éxito en su cometido cuanto más quiere y disfruta el lector dejando su propio mundo y viajando a esos otros imposibles, y sobresale en su oficio cuando se llega a hablar de esos lugares como de cualquier otra región de nuestro planeta Tierra. Rivendel, Gondor, Rohan, Mordor... ¿acaso no existen de verdad?

El regocijo con que nos iba a regalar J. R. R. Tolkien a tantísimas generaciones de lectores de *El hobbit* y *El Señor de los Anillos* lo tuvieron por triplicado sus hijos cuando, una Navidad tras otra de 1920 a 1943 —desde que su primogénito John cumplió los tres años y durante la infancia de sus otros tres hijos Michael, Christopher y Priscilla, hasta que ella cumplió los catorce años—, llegaba a casa con remite del Polo Norte una misiva de Papá Noel.

Durante esos veintitrés años de cartas ilustradas y manuscritas —la letra «temblorosa» y «grandota» de un ancianísimo de 1.924 años y subiendo— el universo oscuro, nevado y estrellado de Santa Claus, como la familia de Tolkien, va creciendo. Al Oso Polar del Norte (Karhu), que también interviene en las cartas para defenderse de las regañinas de Papá Noel, se le suman sus sobrinos, los oseznos polares; los muñecos de nieve y sus hijos, los muñequitos de nieve; los gnomos rojos o los elfos de la nieve; y visitantes como el Hombre de la Luna o el Señor Oso de las Cavernas. También hay mudanzas: a partir de 1925 las cartas llegan desde la «Casa del Acantilado, Cima del Mundo, cerca del Polo Norte».

Al lector adulto le resulta imposible no establecer paralelismos con los acontecimientos de la Tercera Edad en la Tierra Media, ya que por entonces Tolkien escribía *El hobbit*. Los elfos y gnomos como defensores del bien frente a los ataques y robos de los trasgos —«los trasgos son para nosotros lo que las ratas para vosotros»—; la mención al «ártico» como idioma de los habitantes del Polo Norte, incluso una frase escrita en ártico que recuerda al *quenya* élfico; o alfabetos perdidos en cuevas que recuerdan a las runas del *khuzdul* de los enanos.

Por encima de las muchas equivalencias que se quieran ver o suponer, está el valor pedagógico de las cartas, pues están escritas por un padre. «Parece que cada año sois más. Y yo cada vez soy más pobre. Aun así, espero regalaros algo que os guste». Y las prisas u olvidos de algún que otro año también: «Este año tengo mucho trabajo. No hay tiempo para cartas»; «le pedí al Oso Polar que echara la carta en el buzón y ¡se le olvidó!».

El tío Curro

Hablando de padres, pero también de madres. El sacerdote gaditano Francis Xavier Morgan Osborne estudió en Inglaterra, en el Oratorio de Birmingham —allí fue alumno de John Henry Newman—, y tras culminar sus estudios volvió a su *alma mater*. Allí recaló J. R. R. Tolkien de niño cuando su madre ya no pudo seguir pagando la matrícula del King Edward's School, gracias a la acción benefactora del tío Curro, como se conocía familiarmente al padre Francis.

El tío Curro se convirtió en tutor de Tolkien, quien tuvo acceso y visitó con frecuencia su biblioteca personal, donde sin duda pudo encontrar y leyó a la escritora andaluza Cecilia Böhl de Faber —bajo el pseudónimo de Fernán Caballero—. Esto se debe a que Cecilia Böhl de Faber era tía abuela del sacerdote.

Otra forma de verlo: la abuela del padre Francis era Aurora Böhl de Faber, hermana de la escritora; su abuelo y marido de Aurora fue Thomas Osborne, fundador de las Bodegas Osborne. De lo que se concluye que J. R. R. Tolkien fue ahijado del tío Curro, y Bertín Osborne su sobrino bisnieto, quedando así conectados el gran genio literario de la fantasía y el célebre presentador, cantante y empresario madrileño.

66

Josep Pla, agente doble
(1897-1981)

Josep Pla fue el gran prosista de las letras catalanas —ampurdanés, porque la totalidad de su sangre, dijo él, era ampurdanesa—, un testigo presencial de excepción del siglo xx y un payés frustrado: «La gente de aquí tiene una gran tendencia a que sus hijos sean muy importantes. [...] Imagínese usted, me dieron carrera. [...] Se equivocaron totalmente, yo hubiera tenido que ser un payés para arar, y para arreglar las viñas, y para arreglar los olivos».

Josep Pla también fue espía. Primero se descubrió que trabajó para el bando nacional durante la Guerra Civil. Las investigaciones del historiador Jordi Guixé y después las del periodista Josep Guixà documentaron una labor en cualquier caso conocida por entonces al ser señalada por los periódicos.

Tras sentirse amenazado por el ajusticiamiento republicano en Cataluña y en su Palafrugell natal, huyó a Francia. Desde Marsella se convirtió, por sus valiosos contactos atesorados como corresponsal en la Europa de entreguerras y en el Madrid de la Segunda República, en uno de los principales organizadores del espionaje de los sublevados a expensas del soporte económico de Juan March.

Pla puso sus habilidades de periodista, preguntar y recabar información, al servicio tanto del sistema de espionaje de los

Servicios de Información de la Frontera del Nordeste de España (SIFNE) —era el agente 10— como de la red de partidarios conservadores de la Lliga Regionalista de Francesc Cambó. Una doble colaboración indicativa de la relación, si no ideológica, sí pragmática que se estableció entre la derecha catalana y los nacionales. Sus informaciones, ni hundieron barcos ni propiciaron bombardeos, aunque sí desvelaron las negociaciones que tenían lugar entre las potencias europeas y los republicanos y la Generalitat para conseguir apoyo internacional en el conflicto y el reconocimiento de la República catalana.

Como en 1938 el SIFNE fue sustituido por el Servicio de Investigación Militar (SIM) y Pla comenzó su andadura como subdirector de *La Vanguardia*, los biógrafos dieron por concluida su labor de espionaje.

Pero entonces, en fechas muy recientes —la aportación es de Xavier Pla— llegó la segunda revelación: el escritor volvió a las andadas en la última fase de la Segunda Guerra Mundial, pero ahora como espía para los servicios secretos aliados. En su agenda personal se han encontrado referencias a agentes del MI9 (Directorio de Inteligencia Militar Británica) y de la OSS (la Oficina de Servicios Estratégicos predecesora de la CIA) con los que se citaba en el Ampurdán, en el consulado británico en Barcelona y en la embajada de Estados Unidos en Madrid.

En ese mismo periodo, Pla encarga un barco, el Mestral, cuyas características y dimensiones, doce metros, bodega de amplia capacidad y, sobre todo, un motor de gran potencia, hacen sospechar que se convirtió en colaborador de la Red Pat O'Leary, la sección de los servicios secretos británicos en Francia especializada en la evasión de prisioneros y soldados aliados que contaba con base en L'Escala.

Yo he tratado de poner adjetivos detrás de los sustantivos, y es la única cosa que he hecho en mi vida. [...] Y por esto fumo, para buscar adjetivos.

JOSEP PLA, en una entrevista para el programa
A Fondo, con Joaquín Soler Serrano

67

Las mariposas de Nabokov
(1899-1977)

A Emily Dickinson le gustaban las flores y creó un herbario de la zona rural de Massachusetts que todavía sirve de referencia a los botánicos y se guarda en la Universidad de Oxford. A Nabokov le gustaban las mariposas y descubrió siete especies nuevas.

Se conservan en el Museo de Zoología Comparada de la Universidad de Harvard, institución para la que trabajó como entomólogo lepidopterólogo a cargo de la colección de mariposas de esa universidad. En su honor, se nombró al género neotropical de estos insectos *nabokovia*.

Su afición comenzó en la infancia, con un gesto de amor y una desilusión. Sobre el primero se cuenta que, siendo el escritor niño y su padre preso político, fue una mariposa lo que le llevó el hijo al padre para animarle. Sobre la segunda, que creyó haber descubierto un ejemplar nocturno no catalogado que, sin embargo, resultó haber sido descubierto por Kretschmar en 1862 y denominado *Plusia excelsa* o *Autographa excelsa*. No me preguntéis ni por el tal Kretschmar ni por la especie, se hace lo que se puede, pero uno sabe de lo que sabe. Años después se tomó la justicia —la venganza— por su mano y le puso de nombre Kretschmar al personaje ciego de *Risa en la oscuridad* (1932).

Más tarde formalizó su binomio de pasiones estudiando Zoología en la Universidad de Cambridge y Lenguas Romances y Eslavas en el Trinity College. A su llegada a Estados Unidos fue entomólogo voluntario en el Museo Americano de Historia Natural y después pasó a Harvard como investigador de entomología.

De aquella etapa dijo: «Los años del Museo de Harvard siguen siendo los más deliciosos y emocionantes de mi vida de adulto. Mi mujer y yo pasábamos los veranos cazando mariposas, sobre todo en las Montañas Rocosas». Lo cierto es que Véra Nabókova no tenía otra opción que acompañarlo, no tanto porque su marido nunca se sacara el carnet de conducir —por lo que era ella la encargada de llevarlo a sus lugares predilectos de caza— como porque siempre estaba a su lado para protegerlo. Esto último es literal, Véra llevaba una Browning cargada en el bolso, lo cuenta Monika Zgustova en *Un revólver para salir de noche* (2019).

Vladimir pasaba buena parte de su jornada, hasta seis horas al día, pegado al microscopio en Harvard, por lo que quizá debiéramos cambiar nuestra habitual representación visual de Nabokov como escritor por la del típico entomólogo con red, sombrero y pantalón corto. No nos costará mucho: hay más fotos de Nabokov vestido para cazar mariposas —con muy diversos atuendos en realidad— que en situación de escribir sus obras.

He cazado mariposas en diversos climas y atuendos: como un chico guapo con pantalones bombachos y gorra de marinero, como un expatriado cosmopolita desgarbado con pantalones anchos de franela y boina, como viejo gordo sin sombrero y en pantalones cortos.

Habla, memoria

68

Hemingway y sus accidentes
(1899-1961)

La carrera de Ernest Hemingway (1899-1961) fue prolífica en muchos sentidos. Se habla sobre todo de su alcoholismo, materializado en el litro de whisky al día que bebió durante los últimos veinte años de su vida —atestiguado por su hijo Patrick— y sus ginebras holandesas con lima para el desayuno, un brebaje que él mismo inventó. Como le gustaba beber con las mujeres, a las cuales humilló siempre que pudo sobre todo si estaba casado con ellas, también se habla de su promiscuidad redomada.

Se habla menos de su obra, porque hoy ya prácticamente nadie lee, y quienes han leído a Hemingway solo han pasado por las páginas de *El viejo y el mar* (1952), y dando gracias. Pero está bien, porque por esta novela le dieron el Pulitzer en 1953. Leer algo premiado es para muchos el único motivo para leer. Un año después ganó el Nobel de Literatura.

Pero de lo que se habla poco, muy poco, es de la gran cantidad de accidentes que tuvo. El biógrafo Jeffrey Meyers llegó a elaborar un listado por años de estos percances —*Hemingway: una biografía* (1982)—, listado que luego recuperó el historiador Paul Johnson para redondear su perfil sobre el literato en su conocido ensayo *Intelectuales* (1988). No tengo pruebas, pero tampoco dudas de que Hemingway es el escritor más accidentado de la historia.

Obviando los más leves, y sin contar los que padeció de niño —entre otros, se abrió las amígdalas al caer al suelo con un palo y se clavó un anzuelo en la espalda—, fue víctima de una explosión en la Gran Guerra (1918); se cortó los pies al caminar sobre cristales rotos (1920); sufrió graves quemaduras al golpear un calentador de agua (1922); tuvo un derrame en su ojo bueno al sufrir un corte de su hijo (1927); se le vino toda la estructura de una claraboya encima al confundir el tirador con la cadena del baño (1928); se rompió el brazo en un accidente de coche (1930); se disparó en la pierna al intentar arponear a un tiburón (1935); se rompió el dedo gordo del pie al patear una puerta (1938); se rompió tres costillas y una rodilla en otro accidente de coche (1945); recibió cortes profundos al jugar con un león (1949); sufrió dos conmociones cerebrales, una al caer de su barco (1950), otra al tener dos accidentes de avión en menos de un día (1954).

¿Buscaba Hemingway la muerte? La mayor parte de las oportunidades que se le presentaron de alcanzarla se las buscó, tal y como se buscó un infructuoso refugio en el alcohol. Los accidentes, tanto como el alcohol, fueron la desembocadura de una profunda insatisfacción personal, resultado de pretender la excelencia creativa sin límites ni excepciones, esto es, un imposible. Constituyeron también una prefiguración de su final. Depresivo, paranoico, Hemingway cogió su escopeta el 2 de junio de 1961 y se suicidó.

69

Steinbeck y los otros hombres letrados
(1902-1968)

A John Steinbeck le dieron el Premio Nobel de Literatura en 1962 «por sus escritos realistas e imaginativos, combinados de tal forma que incorporan un humor simpático, así como una percepción social entusiasta». Al menos esas fueron las razones oficiales. Sin embargo, documentos internos desclasificados del Comité del Nobel de la Academia Sueca han desvelado que, en realidad, lo ganó por ser el candidato menos malo de aquel año.

Dado que la Academia Sueca ha fracasado ya en numerosas ocasiones en su intento de otorgar el Premio Nobel de Literatura al mejor escritor vivo, no me parece tan mal el cambio de enfoque y que, prestos a dárselo al menos malo, el que se lo llevase fuera Steinbeck. Quiero decir, el hecho de que Steinbeck tenga un Nobel por ser el menos malo de la terna de su año es mucho menos escandaloso que el hecho incomprensible e irremediable de que ni Galdós, ni Borges, ni Auster, ni McCarthy, por poner cuatro de una larga lista, recibieran el galardón.

También el comité debió verlo así en cierto modo, dado que en los documentos internos puede apreciarse que al final se decantaron por Steinbeck al tener así el premio, según su secretario permanente Anders Osterling, más posibilidades de ganar apoyo sin objeciones. Steinbeck era, desde luego, el más popular y conocido de los candidatos, condición que al parecer alguna vez importó a los literatos del comité.

Todo esto, visto a toro pasado, claro, porque en aquel momento... Los que se quedaron sin el Nobel en aquel año de 1962 fueron, entre los más conocidos, Lawrence Durrell —pensaban que *El cuarteto de Alejandría* no era suficiente— y Robert Graves —a Graves se le consideraba más poeta que novelista por entonces, y el premio venía de concederse a varios poetas en los últimos años—. Entre los menos conocidos hoy por el gran público, al menos de oídas, Jean Anouilh —otro francés, Saint-John Perse, lo había ganado dos años antes—, y Karen Blixen —¡la autora de *Memorias de África*!—, porque falleció aquel mismo año y tuvo que ser eliminada de la lista.

En mi corazón puede que haya duda de si merezco el Premio Nobel en vez de los otros hombres letrados por quienes siento respeto y reverencia, pero no hay ninguna duda de mi placer y orgullo en recibirlo.

JOHN STEINBECK, discurso de agradecimiento por la concesión del Nobel de Literatura 1962

70

Las tres conversiones de Halldór Kiljan Laxness
(1902-1998)

Año tras año, la opinión pública critica la concesión del Premio Nobel de Literatura amparándose en el hecho de que nadie ha leído o conoce a los premiados. Una réplica adecuada aunque quisquillosa de este reproche sería preguntar a esos lectores indignados a cuántos de los premiados conocen o han leído después de haberle sido concedido el galardón.

A esa categoría de premios Nobel de Literatura desconocidos, ante cuya mención sigue la cara de póquer, pertenece el islandés Halldór Kiljan Laxness, quien lo recibió en 1955. Tampoco es que haya grandes oportunidades de leerlo: su obra está por completo desaparecida en español y todo lo más a lo que podemos aspirar es a hacernos de segunda mano con una de esas ediciones descatalogadas de obras completas con papel de biblia, cuerpo de letra 8 —siendo generosos— e interlineado e interletraje menos uno.

Lamentos aparte, el Halldór Kiljan Laxness ganador del Nobel no nació con este nombre. Se lo puso él mismo. El sistema de configuración de nombres en Islandia sigue siendo, por tradición, distinto al utilizado en buena parte de Europa. Allí no se coge el primer apellido del padre seguido del primero de la madre, sino que se adopta el patronímico, el nombre del padre en genitivo con la terminación «-son» (si es niño) y «-dóttir» (si es niña). Con todo, Laxness fue hijo de Guðjón Helgi Helgason y Sigríður Halldórsdóttir, por lo que su nombre de nacimiento fue Halldór Guðjónsson. El cambio de nombre vino de su conversión al catolicismo en una Islandia protestante. En 1922 se unió como estudioso a la abadía benedictina de Clervaux, en Luxemburgo, donde estuvo a punto de ordenarse. En 1923 se bautizó y confirmó, adoptando el apellido Laxness, por la granja donde vivió de pequeño —en ella contrajo la polio que le dejó tartamudo y escribió su primera novela, de seiscientas páginas—, y añadiendo un segundo nombre al suyo, Kiljan, por san Quiliano, el obispo irlandés del siglo VII que evangelizó Alemania. Siguiendo el ejemplo del santo, tomó partido en la evangelización de los países nórdicos durante unos años.

Para finales de aquella década, sin embargo, Laxness ya había claudicado de su fe. Su viaje a los Estados Unidos de la Gran Depresión, donde quiso ganarse la vida como guionista, le conducirá a su segunda conversión, la de ateo y socialista, e iniciará su nuevo periplo formativo a través del comunismo.

Las malas lenguas han exagerado esta segunda filiación, llegándose a afirmar que recibió el Premio Stalin de Literatura. En la época esta falsedad se utilizó para desbancar su candidatura al Nobel en 1954 y dárselo a Hemingway, a quien Laxness tradujo luego al islandés. En días más recientes, *The New York Times* incluyó la concesión del espurio galardón en su obituario de 1998 y Susan Sontag, en la introducción de la edición de Vintage de su novela *Bajo el glaciar*. Una novela que acabó siendo llevada al cine por la hija del escritor, Guðnýjar Halldórsdóttir (aquí sí, con patronímico).

A los sesenta años, desengañado del estalinismo, Laxness afrontó una última conversión al taoísmo.

71

Rafael Alberti.
¿Quién quiere un Nobel sin amigos?
(1902-1999)

La inmensa mayoría de quienes quieren vivir del oficio de escribir están abocados a hacerlo en la pobreza. Se trata de una regla que aplica a todo lo que tenga que ver con juntar letras, pero en la que, como en toda regla, se puede entrar al detalle para establecer niveles. En consonancia con el refrán «en el país de los ciegos, el tuerto es rey» se podría decir, aunque en sentido inverso, que, en el país de los escritores, el prologuista es paria. No solo su labor carecerá de crédito, reservado para el prologado, sino que siendo este un amigo —y aun sin serlo—, no habrá pago alguno por lo escrito.

Así las cosas, Rafael Alberti —el único de la generación del 27 que estuvo a punto de ver nacer el siglo XXI— llegó a poner en la puerta de su casa de Roma, donde pasaba el exilio durante el franquismo, el cartel NO SE HACEN PRÓLOGOS.

De esa casa en la via Garibaldi, en el Trastevere, verdadero centro de reunión cultural de la ciudad con permiso de las embajadas de Roma y el Vaticano, salieron más anécdotas, que recopiló en *Una vida entre poetas* —junto con otras de Neruda, Miguel Ángel Asturias, Antonio Gala y Marcos Ana— el catedrático de Derecho

Mercantil y abogado Teodulfo Lagunero; como Alberti, comunista y, como Alberti, en el exilio. La más importante, la verdadera razón de que el poeta no figure en la lista de los premios Nobel. No es que fuera comunista y por eso no hubo galardón —porque para Neruda sí hubo—. De hecho, en la Academia querían dárselo y todo estaba preparado para que lo recibiera. El Nobel de antaño venía preparado, no era la quiniela con *streaming* en directo de hoy. Pero en el último momento Alberti consideró que los suecos no eran capaces de entender ni *Marinero en tierra* ni su especial idiosincrasia gaditana, y decidió obviar Estocolmo y quedarse en Roma, donde le habían concedido otro premio, aunque por el modesto valor de una treintena de botellas de vino.

No fue la única distinción que rechazó. También se negó al Príncipe de Asturias de las Letras, al que fue candidato a propuesta de la Universidad de Wisconsin. «Todos me han venido porque les ha dado la gana, excepto uno, que es acaso el que más quiero, el Nacional de Literatura que me dieron en 1924 por *Marinero en tierra*. A ese me presenté porque me lo pidieron».

Del uso que hizo de las cinco mil pesetas que le cayeron por este último se deduce que, si bien no era ajeno a rechazar premios, tampoco lo era a su derivación culinaria. Si por el reconocimiento romano le dieron treinta o cuarenta botellas de vino, con el dinero del Nacional de Literatura invitó a helados durante meses a sus amigos.

Y de todo lo expuesto, se entiende ahora que los prólogos, aun no queriendo escribirlos, finalmente los escribiera. Porque no era una cuestión de dinero, sino de amistad y altruismo.

72

Simenon, el primer *streamer* literario
(1903-1989)

Si publicas mucho es porque escribes rápido, y si escribes rápido es porque escribes mal. Si publicas poco es porque te tomas tu tiempo, y si te tomas tu tiempo es porque escribes bien. No es más que la condición temporal de la baja y la alta literatura. Pero ¿qué haces cuando se te da tan bien escribir, y te apasiona tanto hacerlo, que parar no es una opción?

Georges Simenon escribió tantísimo que todavía hoy publicar su obra completa supone un verdadero problema para las editoriales y tienen que juntarse varias para acometer la empresa. En total, 192 novelas, 76 protagonizadas por el comisario Maigret —por encima de las 67 de Agatha Christie, incluso cuando fueron protagonizadas por distintos detectives—, más otra treintena de libros firmados por múltiples pseudónimos.

Georges Simenon escribió tantísimo que tuvo que inventar una categoría con pinta de difícil e intensa para agrupar las 116 novelas no protagonizadas por Maigret, a ver si así la crítica dejaba de mirarlo mal. Las *romans durs* («novelas duras») fue un buen intento de nombre, pero ninguna etiqueta podía compensar el descrédito de escribir ochenta páginas diarias o publicar diez de esos libros en un solo año.

Georges Simenon escribió tantísimo que su editor lo sentó a escribir en un escaparate de Galerías Lafayette para que sirviera de entretenimiento a quienes pasaban. Pero no porque los transeúntes leyeran las páginas colgadas del cristal y completaran la historia según salía de la máquina, que a esa velocidad era como salían de su cerebro, toda una prefiguración analógica del *streaming* —el contenido se disfruta a la vez que se descarga—, sino porque constituía todo un espectáculo verlo rendir a ese ancho de banda.

73

Neruda, Malva y la humanidad con minúscula
(1904-1973)

Si de algo fue capaz el historiador Paul Johnson en su conocido ajuste de cuentas titulado *Intelectuales* (1988), es que demostró que los artistas y pensadores que gozan de esta condición tienen una consustancial inclinación hacia el olvido de sus seres queridos. Preocupados por el devenir y bienestar futuro de la Humanidad con mayúscula —son capaces de sacrificarlo todo y a todos por ella—, llegan a olvidarse de su propia humanidad, con minúscula. Circunstancia por la cual no suelen dejar un balance demasiado favorable en lo que al haber personal toca.

Pablo Neruda, premio Nobel 1971, el que quizá sea el poeta más conocido a nivel popular por quienes usan el español —aunque solo sea porque cualquiera es capaz de citar «me gusta cuando callas porque estás como ausente» para hacer la gracia—, perteneció a esa usual estirpe de escritores que participaron en política, y a la más rara pero tampoco tanto que participaron en política institucional. De signo comunista, fue cónsul en muy diversos países, Birmania, Sri Lanka, Java, Singapur, Buenos Aires —allí conoció a Lorca, quien luego lo relaciona con la generación del 27, en la que tanta influencia tuvo—, México, Barcelona o Madrid. En esta última sustituyó a la también poeta Gabriela Mistral.

En 1939, preocupado por salvar la vida a los refugiados republicanos españoles, arrendó desde Francia, ya como embajador chileno en París, el célebre y abarrotado mercante Winnipeg con más de dos mil personas a bordo rumbo a Chile.

El mismo Neruda que viajó por territorio europeo con el objetivo de combatir el fascismo y promover el asilo político, el Neruda que luchó por la Humanidad con mayúscula, se acordó y sacó tiempo de visitar ese año un par de veces en Holanda a su hija Malva Marina, la humanidad con minúscula.

Malva fue fruto del matrimonio con María Antonia «Maruca» Hagenaar. Hija de colonos holandeses, la conoció en Birmania, se casaron en Singapur en 1930 y cuatro años después ya estaban separados porque el poeta prefirió a la pintora argentina Delia del Carril. Neruda facilitó su salida de España durante la Guerra Civil y su empleo en Holanda, si bien le denegó su posterior petición de asilo en Chile.

Malva fue la obra más olvidada —y silenciada— del poeta y sus hagiógrafos. La mayor parte o casi lo único que sabemos de ella procede de la exhaustiva biografía y esforzado trabajo de documentación de David Schidlowsky. Sin embargo, Malva era la que necesitaba más atención. Nació con hidrocefalia, no podía hablar ni caminar. Los envíos de dinero de su padre no fueron suficientes y Maruca la dio en adopción al no poder mantenerla. Murió con ocho años por falta de tratamiento médico, ya que sus padres adoptivos eran miembros de la Ciencia Cristiana. Neruda no contestó al telegrama en el que se le informaba de su muerte ni se hizo cargo del sepelio. Si Malva no desapareció para siempre y se la pudo localizar se debió a que el cementerio de Gouda fue declarado monumento nacional. De lo poco que Neruda escribió de ella:

> Mi hija, o lo que yo denomino así, es un ser perfectamente ridículo, una especie de punto y coma, una vampiresa de tres kilos.

Se ha dicho que estas últimas palabras son fruto del alivio porque la niña había pasado lo peor de su enfermedad, como mucho una ironía para tomar distancia frente a la desgracia. Se ha dicho que por entonces las minusvalías no recibían la atención y sensibilidad que reciben hoy. Se ha dicho que las responsabilidades intelectuales y obligaciones diplomáticas de Neruda en circunstancias bélicas dificultaban la situación. Se ha dicho que si Malva solo aparece una vez en su obra poética, en «Enfermedades en mi casa», al menos es uno de los poemas más dramáticos de *Residencia en la tierra*.

Se ha dicho que si Malva no figura en las memorias del poeta es porque no llegó a terminarlas, que reservaba lo más personal y emotivo para el final. ¿Quizá se trató de esto, que pospuso a su hija demasiado?

74

Graham Greene sueña con papas
(1904-1991)

Los ateos lo consideraban un escritor católico; los creyentes, un converso sin demasiadas certidumbres acerca de su fe. Lo primero le costó el Premio Nobel de Literatura; lo segundo, serias desavenencias con la curia y sus amistades más devotas.

Graham Greene tenía todas las papeletas para convertirse en un incomprendido, y si no lo fue del todo es porque encontró su lugar donde más conviene a un escritor: en el gran público de su tiempo. Los exhaustos lectores ingleses de posguerra anhelaban una literatura que abordara los temas trascendentales sin abandonar el entretenimiento. Eso les dio Greene con maestría. Su éxito lo elevó a la categoría de superventas en vida, que posibilitó la adaptación cinematográfica y televisiva de más de dos docenas de sus relatos.

A pesar de la importancia de su conversión al catolicismo para la postrera comprensión de su vida y obra, se desconocen los motivos que le llevaron a abrazar la fe desde el ateísmo más dogmático. Se sabe que empezó su formación catequética como acto de justicia hacia su mujer, Vivien Dayrell-Browning, para conocer y comprender sus creencias; poco más. «Solo puedo recordar que, en enero de 1926, llegué a convencerme de la existencia probable de algo que llamamos Dios».

Tras el momento de su iluminación, las dudas persistieron y las polémicas con la curia y el mandato canónico proliferaron, hasta el punto de llevárselas consigo a las audiencias que mantuvo con Pío XII en 1950 y con Pablo VI en 1965. En esta última, el pontífice le comentó que estaba leyendo *El poder y la gloria*, y Greene le recordó que había sido prohibida por el secretario del Santo Oficio. El Santo Padre le contestó: «Señor Greene, algunas partes de sus libros son realmente ofensivas para los católicos, pero usted no debería prestar atención». Pablo VI anularía el *Índice de libros prohibidos* un año más tarde. Greene siguió ofendiendo a los católicos.

Estos no fueron los únicos encuentros que mantuvo Greene con los papas de su tiempo. Se llevó a su «mundo propio» (*the world of my own*), como gustaba el escritor referirse a su tan valorado universo onírico —registró todos sus sueños a modo de diario entre 1965 y 1900—, sus cuitas religiosas, se reunió de nuevo con los anteriores pontífices y añadió encuentros con Juan Pablo II y Juan XXIII. El primero no sale bien parado en los tres sueños en los que coincidieron. Lo cierto es que Greene no guardaba demasiadas simpatías a Wojtyła: duerme cuando el escritor siente la necesidad imperiosa de confesarse, reparte chocolate como si fuera la hostia consagrada, e intenta el proceso de canonización del propio Cristo. Con Juan XXIII, a quien sí admiraba, soñó una sola vez el último año de vida del papa. Greene le defendió de tres ingleses que intentaron salpicarle mientras el Santo Padre bendecía el mar.

Una historia no tiene ni principio ni fin: uno elige arbitrariamente un momento de la experiencia desde el cual mirar hacia delante o hacia atrás.

El final del affaire

75

Samuel Beckett y el absurdo que apuñala
(1906-1989)

Que la vida de un autor impregna su literatura es un hecho que se puede constatar en el estudio preliminar de cualquier edición crítica decente. El debate estaría, en todo caso y para cada caso, en hasta qué punto la impregna. Pero que los rasgos característicos de su literatura le devuelvan el regalo y se inmiscuyan en su vida hasta el punto de intentar cobrársela no resulta quizá tan frecuente. Tanto es así que el sobrevalorado ChatGPT, preguntado por el incidente que sigue, cree que se trata del argumento de una de las obras del escritor, pero en ningún caso un suceso biográfico. Veamos por qué.

El 8 de enero de 1938 podía leerse en *The Irish Times* la siguiente noticia:

> El señor Samuel Beckett, de treinta y dos años, con domicilio en la calle Grande Chaumière, París, fue atacado durante la noche del jueves por un hombre desconocido armado con un cuchillo. El señor Beckett recibió una herida cerca del corazón y fue llevado al hospital en estado grave. El señor Beckett estaba acompañando a unos amigos a casa cuando fue importunado por un vagabundo. Al decirle que se fuera, el vagabundo supuestamente pateó

al señor Beckett y hubo una pelea. Cuando el señor Beckett entró en el apartamento de su amigo, abrió su abrigo y encontró sangre saliendo de una herida.

La noticia, recogida y enviada por la agencia Reuters, es inexacta. El periodismo de todos los tiempos es, de una u otra manera, inexacto. Desde entonces ha circulado errada, pues Beckett tenía treinta y uno —no treinta y dos años—, fue atacado en las primeras horas del 7 de enero —no por la noche—, y el altercado se produjo cuando se dirigía a su casa con sus amigos Alan y Belinda Duncan. Además, el escritor fue abordado por el proxeneta Robert Jules Prudent, quien mendigaba algo de dinero. Deirdre Bair, en *Samuel Beckett: A Biography*, cuenta:

> Beckett, irritado, lanzó su brazo, empujando a Prudent al suelo. El proxeneta se levantó de un salto, sacó una navaja y la clavó en el pecho de Beckett, fallando por poco el pulmón izquierdo y el corazón.

Beckett fue llevado a urgencias del cercano hospital Broussais, donde estuvo a punto de morir, y permaneció cerca de dos semanas ingresado.

El día del juicio Beckett tuvo ocasión de preguntar a su atacante por el motivo de su apuñalamiento. Al absurdo de su apellido —*prudent* significa «prudente»— debemos sumar la ironía de su respuesta: «Je ne sais pas, monsieur. Je m'excuse». «No lo sé, señor. Lo siento».

Pero como casi todo en Beckett, la reducción a la nada del lenguaje y la aleatoriedad de los acontecimientos escondía profundas consecuencias. El periodo de hospitalización propició el reencuentro y visitas diarias de James Joyce, reanudando las interrumpidas relaciones con su admirado maestro tras el rechazo amoroso de Beckett a su enferma hija Lucia. También recibió los cuidados de Suzanne Déchevaux-Dumesnil, quien luego se convertiría en su esposa hasta su muerte.

76

Miguel Hernández se despide de su hijo
(1910-1942)

Miguel Hernández escribió su última obra entre junio y octubre de 1941. Lo hizo en la cárcel de Alicante, en cuya enfermería murió de tuberculosis el 28 de marzo de 1942. Fueron cuatro cuentos para su hijo Manuel Miguel —Manolillo— no tan famosos, por ocultos hasta finales de los ochenta, como aquellas *Nanas de la cebolla* que compone en 1939 estando preso en Madrid, cuando su mujer le cuenta que se alimenta a base de esta hortaliza, pero que entroncan con esta, por la cadencia repetitiva y la musicalidad que invitan al sueño.

Una copia con dos de estos cuentos, *El potro oscuro* y *El conejillo*, ilustrada por el maestro Eusebio Oca, compañero de presidio del propio Hernández, fue cosida a hilo; así se convertía en libro. El poeta se la pudo entregar a Manolillo en una visita al penal a través de las rejas, él mismo o casi él mismo pues tuvo que ser sujetado por dos hombres, no se podía mantener ya en pie. El título del libro: *Dos cuentos para Manolillo (para cuando sepa leer)*. Cuando supo leer lloró, y las lágrimas se pueden ver hasta en los facsímiles.

En una carta del poeta a su mujer, Josefina Manresa, le decía:

Si hace mal día no vengas, que el médico me ha dicho ayer que debiera esperar dos o tres días. Pero yo quiero ver a mi hijo y a mi hija y dar al primero un caballo y un libro con dos cuentos que le he traducido del inglés.

Son cuentos que hablan de cautiverio y libertád, y su principal estudioso, José Carlos Rovira, ha visto en la mención de la traducción un subterfugio para salvar la censura. Apoyan esta interpretación Enrique García-Máiquez —si el censor pregunta o pide pruebas, reconoce su desconocimiento— y Concepción Torres —solo vincula a la traducción dos de los cuatro cuentos, los que había de entregarle a su hijo y serían revisados de antemano—. Otros sí han encontrado indicios de traducción en los cuentos de los hermanos Grimm y Beatrix Potter, pero serían coincidencias muy lejanas. Hay que recordar que el poeta, durante su estancia en la cárcel, se dedicó al aprendizaje del inglés y del francés.

Sea como fuere, los cuatro cuentos de Alicante los escribió en papel higiénico de 12 × 19 cm, los cosió y los acompañó de dibujos —se le atribuyen cuando no hay prueba alguna que lo niegue—. Dibujos, poemas, cuentos, canciones, pequeños juguetes de madera artesanales, la obra que nace con espontaneidad de lo que dispone el hombre es lo único que un padre puede regalar entonces a sus hijos.

Si los cuentos hablan de cautiverio y libertad, el acto de escribirlos habla de resistencia y amor, y como en el *Cancionero y romancero de ausencias* que escribió al mismo tiempo, Miguel Hernández se despide de su hijo y de los españoles como esposo y padre.

77

Burroughs el Destructor
(1914-1997)

La escritora Mariana Enríquez dijo una vez en una entrevista muy circulada por Instagram que era «recontra fan» de la literatura de William S. Burroughs, pero que la persona no le interesaba para nada. Separar vida y obra es siempre la mejor y más sana de las opciones; con Burroughs, es la única posible.

Fue drogadicto durante quince años; en Burroughs se prueba que se puede ser conservador y drogadicto. La droga, como él mismo contó en la introducción de *El almuerzo desnudo*, la fumó, la comió, la aspiró, se la inyectó en vena-piel-músculo y se la introdujo en supositorios rectales. Porque la droga «tanto da que la aspires, la fumes, la comas o te la metas por el culo, el resultado es el mismo: adicción».

En la clasificación de los más vendidos de Amazon, Burroughs siempre aparece a la cola de «Ficción clásica» y de «Ficción literaria», pero a cambio es habitual encontrarlo en el top cien de «Historia alternativa de ciencia ficción», una categoría que nadie sabe que existe y que sin duda crearon para él.

La influencia de Burroughs resulta contagiosa. Un usuario de la plataforma comenta que su libro *Queer* «es muy malo. [...] Cuando terminé de leerlo lo rompí». Fueron muchas las cosas que el escritor rompió, en sentido figurativo y literal. En ese mismo libro confesó lo inconfesable: «Nunca me hubiera convertido en escritor de no haber sido por la muerte de Joan». Joan Vollmer era su segunda esposa, musa de la generación *beat*. Se trata de un comentario de apariencia candorosa, pero escalofriante para el que conoce los hechos. Burroughs mató a su mujer de un tiro en la cabeza durante una fiesta con amigos; ambos borrachos y colocados, eso seguro; quizá jugando a Guillermo Tell para entretener a la concurrencia, un vaso sobre la cabeza de Joan y William pistola en mano a dos metros.

Ocurrió en Ciudad de México, donde se refugió tras las acusaciones de tráfico de drogas que planeaban sobre él en Estados Unidos. Apenas pasó un par de semanas detenido. Lo que tardó su hermano en llegar y sacarle bajo fianza y soborno. El abuelo había inventado en 1885 la primera calculadora impresora y su fabricación proporcionó grandes caudales a la familia. Volvió a Nueva Orleans y nunca llegó a ingresar en prisión por el homicidio.

De esta y otras destrucciones se jactó en vida. Por ejemplo, en el relato corto *El dedo* ficcionará lo que convino en llamar su «momento Van Gogh». A causa de la frialdad con que le trataba Jack Anderson, un prostituto *queer* del que se enamoró y con el que se obsesionó, compró unas tijeras y se cortó el dedo meñique para impresionarle.

78

La barba de Cortázar
(1914-1984)

Es de todos sabido que solo los hombres verdaderamente guapos pueden prescindir de la barba; no la llevan porque no la necesitan. Un hombre atractivo con barba puede dar una nefasta sorpresa sin ella. De lo que se deduce que, desprovista como está de cualesquiera otros significados o estatus de tiempos pretéritos, la barba es en nuestros días un instrumento de disimulo nada fortuito.

La de Julio Cortázar también se proponía tapar. Tan memorable barba fue resultado del tratamiento para su acromegalia —gigantismo, demasiada hormona del crecimiento—, y una vez la tuvo nunca quiso prescindir de ella.

Borges, que ya no veía bien, le recordó como «un muchacho muy, pero muy alto» —1,93 metros, para ser más exactos, aunque se ha dicho que nunca dejó de crecer—. Galeano decía que con un solo brazo «nos abrazaba a los dos». El mexicano Carlos Fuentes, otro del *boom* latinoamericano, exclamó la primera vez que le vio: «¡Che, pibe! ¿Podés avisar a tu papá?». El argentino le respondió: «Pasá, Carlos, mi papá soy yo». Era lampiño, parecía un niño grande.

A finales de los sesenta, Cortázar recibió un tratamiento de testosterona para mitigar las disfunciones de la acromegalia. Además de todo el bien que le hiciera, experimentó un considerable aumento de la libido. Esto desencadenó una promiscuidad que se hizo notar en su biografía, pero también en su obra, el «si te caes, te levanto y si no, me acuesto contigo» que todo el mundo quiere compartir en sus *feeds* de redes sociales, por ejemplo. Así llegó la barba que alcanzó la apariencia castrista tan de moda entonces, con la que tapó una mandíbula en la que, como en manos y pies, se notaba su trastorno hormonal.

No murió de acromegalia, sin embargo. Tampoco de leucemia, como tanto tiempo se pensó. Fue el sida, que contrajo en una transfusión de sangre, y que contagió a su mujer. Como se suele decir, por entonces se conocía poco de esta enfermedad. Se fue, eso sí, con la barba puesta.

Desordenado ordenado

Rayuela (1963) es un libro que, además de por su calidad literaria, ha pasado a la historia de la literatura acompañado de anécdota: puede ser leída de manera ordinaria, del primero al último de los capítulos; o bien siguiendo el orden que marcó Cortázar mediante un anagrama numérico. Esta última es la forma que denominan «desordenada», pero que en realidad sería ordenada: el lector se queda sin leer el capítulo 55 —porque es un resumen del capítulo 54— y lee dos veces el capítulo 131 —porque es un final con diferentes interpretaciones según lo que se haya leído antes.

79

Camilo José Cela, pedorro domiciliario
(1916-2002)

El grupo de rap español Violadores del Verso hizo en su tema *Vivir para contarlo* aquella rima de «Parece que no, pero las guapas también se tiran pedos. / También los listos sumamos con los dedos». Era una forma más de decir que hasta en lo más extraordinario subyace lo ordinario, que todos adornamos con sutilezas nuestra naturaleza imperfecta, que nuestras vidas son los ríos que van a dar en la mar, que es el morir, etc.

De Camilo José Cela, todo un Nobel de Literatura (1989), premio Príncipe de Asturias de las Letras (1987) y premio Cervantes (1995), académico de la Real Academia Española y hasta marqués, no se sabe muy bien qué decir, porque los pedos, así como los eructos, afirman que se los tiraba en público, lo cual es ordinario y extraordinario, según se mire.

En la Transición fue senador por designación real, y se cuenta que interrumpió al sacerdote Lluís Maria Xirinacs con un gran pedo, sentenciando la proeza con aquel famoso «Prosiga el mosén, prosiga» que el escritor, por su parte, se encargó de desmentir en el programa de televisión *Buenas noches* (1982) de Mercedes Milá. Para cuando llegó Umbral diez años más tarde con aquello de su libro, Milá tenía ya unas pocas tablas en lo de brear con literatos.

Su desmentido está en YouTube para verlo y disfrutarlo —que para algo pagamos la conexión a internet—: «Esto es mentira. Primero, para interrumpir un discurso a cualquiera, sea cura o no sea cura, en el Senado haría falta un elefante, no un gallego. Bueno, y segundo, esto jamás lo hubiera hecho, Dios me libre, porque yo soy, como todos los españoles, pedorro domiciliario, pero no pedorro transeúnte».

Claro que acto seguido afirmó tener la habilidad de absorber litro y medio de agua «de un solo golpe» por vía anal: «Si quieren piden una palangana y lo demuestro [...], que no esté muy fría». Cela reiteró la amenaza seis años después en el programa *Viaja con nosotros*, en vísperas del Nobel. También se puede ver y disfrutar en YouTube.

Una persona de esta talla literaria, si se lo pasa bien charlando de sus flatulencias y hace de ellas un elemento mediático más, también debe utilizar el insulto como arma dialéctica (parece que lo uno va con lo otro). Así se confirma en cierta ocasión, de nuevo en el Senado, cuando el presidente de la cámara le llamó al orden por quedarse dormido: «No estoy dormido, estoy durmiendo, que no es lo mismo estar jodido que estar jodiendo».

De esto no hay vídeo en YouTube, ni para desmentirlo ni para disfrutarlo, y existen pocas probabilidades de que quedara escrito en el diario de sesiones, por lo que la incógnita ahí permanece, como en los pedos, en cuya naturaleza está inserta la sospecha, tanto como el desconocimiento de saber con certeza quién se lo tiró.

Otros éxitos del marqués

Camilo José Cela y Trulock fue el quinto y de momento último español en ganar el Premio Nobel de Literatura. Se alzó con el galardón en 1989, en palabras de la Academia: «por una prosa rica e intensa que con una compasión moderada forma una visión retadora de la vulnerabilidad del hombre». Aquí, al contrario que en la anécdota, en un sentido trascendente. Además del triplete de grandes premios ya mencionados, Cela fue también marqués de Iria Flavia —parroquia de Padrón (La Coruña), de donde era originario—, título creado por el rey Juan Carlos I en 1996 para honrar su labor literaria y su servicio a España. También cederá su nombre a la Universidad Camilo José Cela, de la que pondrá su primera piedra en el año 2000, dos años antes de su fallecimiento. Fue fundador, junto a su hermano Jorge, de la editorial Alfaguara.

80

Juan Rulfo y su tío Celerino
(1917-1986)

Hay autores que han escrito decenas de libros y cuyo recuerdo y nombre desaparecerán con el tiempo. Luego hay otros cuya obra completa no llega a las mil páginas y han pasado a la historia. Tenemos el caso de Kafka, el de John Kennedy Toole y también el del mexicano Juan Rulfo.

La obra del escritor, guionista y fotógrafo en lo que a ficción se refiere —sin contar unos relatos difíciles de reunir— se reduce, y queda feo utilizar este verbo para la grandeza de unos textos que permiten desentrañar los más hondos e inquietantes enigmas acerca de la condición humana, a tres novelas, y breves: *El llano en llamas* (1953), *Pedro Páramo* (1955) y *El gallo de oro* (1980).

Ya se ve que entre la publicación de la segunda y de la tercera hay una diferencia de veinticinco años, si bien *El gallo de oro* fue escrita, en realidad, en la década de los cincuenta, aunque no se editó hasta 1980. Quiere decirse que a partir de 1955 y hasta el día de su muerte en 1986, Juan Rulfo no escribió literatura destinada a ser publicada —cine sí—. ¿Por qué?

Se lo estuvieron preguntando durante años y harto por la insistencia llegó por fin la respuesta. Ocurrió en 1974, en un encuentro con estudiantes de la Universidad Central de Venezuela que sembró más incógnitas de las que resolvió:

> Yo tenía un tío que se llamaba Celerino. Un borracho. Y siempre que íbamos del pueblo a su casa o de su casa al rancho que tenía él, me iba platicando historias. Y no solo iba a titular los cuentos de *El llano en llamas* como los *Cuentos del tío Celerino*, sino que dejé de escribir el día que se murió. Por eso me preguntan mucho por qué no escribo: pues porque se me murió el tío Celerino que era el que me platicaba todo... Pero era muy mentiroso. Todo lo que me dijo eran puras mentiras y, entonces, naturalmente, lo que escribí eran puras mentiras. Algunas de las cosas que me platicó él fueron precisamente sobre la guerra de los Cristeros, el bandolerismo, la miseria que él había vivido... Pero no era tan pobre el tío Celerino. Él, debido a que era un hombre respetable, según dijo el arzobispo de allá por su rumbo, fue nombrado para confirmar niños, de pueblo en pueblo. Porque esas eran tierras peligrosas y los sacerdotes tenían miedo de ir por allí. Yo le acompañaba muchas veces al tío Celerino. A cada lugar donde llegábamos había que confirmar a un niño y luego cobraba por confirmarlo. Toda esa historia no la he escrito, pero algún día quizá lo haga. Es interesante cómo nos fuimos rancheando, de pueblo en pueblo, confirmando criaturas, dándoles la bendición de Dios y esas cosas, ¿no? Y él era ateo, además.

Rulfo no resolvió el interrogante de su sequía literaria, generando a su vez otros peores que trajeron de cabeza a los críticos y periodistas durante al menos cinco años: ¿quién era el tío Celerino? ¿Existió siquiera? En 1979, en una entrevista con el periodista Ernesto González Bermejo se aclaró casi todo:

En Caracas estuve en la Universidad Central de Venezuela ante mil quinientos estudiantes con la condición de que hicieran preguntas previas. Y lo que respondí fue una serie de mentiras. Inventé que había un personaje que me contaba a mí los cuentos y que yo los escribía y que cuando ese personaje se murió, yo dejé de escribir cuentos porque ya no tenía quién me los contara.

Se inventó la figura de Celerino, vale, pero quizá sí tuvo un confidente... Dicen fuentes cercanas al escritor que pudo ser Justa Cisneros, sirvienta de la familia, o su tío Luis Pérez Rulfo, si nos empeñamos en que fuera su tío. Nunca lo sabremos con certeza, y por eso convendría adherirse a las palabras de su hijo Juan Carlos: «El tío Celerino es México y la realidad que él vivía».

En cuanto a la razón por la que dejó de escribir para publicar, quizá fue todo mucho más prosaico de lo que esperamos: obsesión por el perfeccionamiento que acaba en frustración; miedo a defraudar tras la excelencia alcanzada con *Pedro Páramo*... Su mujer siempre dijo que Rulfo pasaba toda la noche escribiendo y que por la mañana aparecía todo roto.

81

Arthur C. Clarke y el rácord literario
(1917-2008)

El 31 de marzo de 1964, el sobresaliente director de cine estadounidense Stanley Kubrick escribió una carta al sobresaliente escritor de ciencia ficción británico Arthur C. Clarke. Iba dirigida a Gregory's Road, Colombo, Ceilán —actual Sri Lanka—, inesperada localización desde la que el autor también firmaba prefacios y obras, cuando en 1956 se fue a vivir a aquel lejano país por su afición a la fotografía submarina. *Hobbies* que tiene uno.

Sobre el contenido de la misiva cabe decir que inició una provechosa relación que dio como fruto uno de los grandes hitos artísticos del cine y la literatura de todos los tiempos: *2001: una odisea espacial*. En contra del hábito de adaptar libros a la gran pantalla, en este caso ambos genios trabajaron en paralelo para ofrecer, aun con diferencias de guion —o diferencias de argumento, según se mire desde la óptica de la película o del libro—, una doble obra maestra. Aunque en el mismo año de 1968 el libro llegó, por una vez y en contra de lo que muchos puedan pensar y de lo que Clarke quería, después de la película.

En su momento, todo el mundo pensó que el libro era una novelización del filme, algo así como lo que hizo Asimov dos años antes con *Viaje alucinante* (1966), que puso negro sobre blanco, y mejoró hasta el punto de que hubo secuela literaria, la película de aquel mismo año de Richard Fleischer. En realidad, Kubrick estuvo a punto de trabajar con Asimov para ese metraje de ciencia ficción que andaba buscando filmar, pero la recomendación de un amigo común, el fotógrafo Roger Andrew Caras, le decantó por Clarke.

El material de partida para la película fue, sin embargo, un relato que Clarke había escrito veinte años antes, *El centinela*. La comunicación entre ambos genios no fue la mejor, Kubrick es mucho Kubrick. El cineasta hizo lo que quiso con el argumento y las ideas de Clarke, y a punto estuvo incluso de sustituirlo por J. G. Ballard o Michael Moorcock, quienes no aceptaron para no traicionar a sus compañeros de letras.

Clarke, que durante el estreno de la película abandonó la sala a los pocos minutos de comenzar, al final tuvo que apechugar. Su prefacio a la segunda parte de la saga literaria, *2010: Odisea dos* (1982), reconoce el tino del director, y la historia sigue los cambios introducidos por Kubrick en la película, por lo que esa segunda parte es más una secuela de la película que del primer libro. Si Clarke cometió algún fallo de rácord, es con respecto a su propia novela.

Otro crossover

Martin Gardner, científico y escritor como Arthur C. Clarke pero dedicado a la divulgación de las matemáticas, introdujo un curioso *crossover* entre *Una odisea espacial* y *El maravilloso mago de Oz*. Sobre el origen del término «Oz» en el título de esta última novela se han ofrecido múltiples hipótesis, como he expuesto en este libro al final del capítulo sobre su autor, L. Frank Baum.

La más críptica de las posibilidades es la formulada por Gardner. Afirma que «Oz» deriva del cambio de posición hacia delante, siguiendo el orden alfabético, de la abreviatura del estado natal de Baum, Nueva York («NY»): la «N» hacia la «O», y la «Y» hacia la «Z». Una hipótesis que vendría a coincidir con el supuesto origen del nombre de la computadora HAL en la saga de Clarke: el desplazamiento de una posición hacia atrás en el orden alfabético del fabricante IBM.

Fueran cuales fuesen los poderes divinos y las fuerzas que acechaban al otro lado de las estrellas, solo había dos cosas importantes para los humanos vulgares, se recordó Poole: el amor y la muerte.

3001: Odisea final

82

El pis de Salinger
(1919-2010)

En el deporte de élite pasa como en la tecnología, que va siempre un paso por delante de la ley. En su aspiración por llevar el cuerpo humano al límite y sacarle centésimas de rendimiento extra, los atletas y sus equipos suelen ponerse creativos para sortear las normas antidopaje. Así, es posible encontrar en la historia negra del deporte prácticas no por muy extendidas menos bizarras e ilegales, como las increíbles autotransfusiones de sangre detectadas en la famosa Operación Puerto de la Guardia Civil contra el dopaje.

La lógica del procedimiento consiste en inyectar al deportista su propia sangre antes de un esfuerzo desmedido para aumentar su porcentaje de oxígeno. La misma lógica, aunque sin fundamento científico, se ha querido aplicar a la urofagia, el acto de beber la propia orina para devolver al organismo los minerales, proteínas y hormonas perdidos durante una expulsión que se considera «forzada por el cuerpo» según los gurús de la uroterapia. Toda excentricidad cuenta con su ritual. Desde 2019 figura en el listado de pseudociencias del Ministerio de Sanidad.

En el documental *Libra × Libra* se puede ver al célebre boxeador Juan Manuel Márquez bebiéndose el supuesto elixir. Además del no tan excrementicio como «incrementicio» espectáculo visual, el púgil también lo explica: «Lo he hecho durante cinco o seis peleas y me ha dado buenos resultados». Eso sí, perdió contra Floyd Mayweather por decisión unánime poco tiempo después de pronunciar estas palabras. «También me tomo la orina —continúa— porque ahí se desechan proteínas, se desechan parte de las vitaminas que tomas, ¿y por qué en vez de desecharlas no te las vuelves a tomar?».

«*Why not?*», que habría dicho con su acento neoyorquino J. D. Salinger. Él también se bebía su propio pis, aunque nunca habría querido salir en un documental, siquiera dando razones del asunto. No hizo falta porque lo largó su hija Margaret A. Salinger en sus memorias, *El guardián de los sueños*. El libro traza el recorrido de su padre por toda una serie de cultos y dietas; entre otras, el budismo zen, el hinduismo, la Comunidad de la Autorrealización, la ciencia cristiana, la cienciología o la macrobiótica... que le llevaron a su vez a numerosas prácticas excéntricas, como la ya mencionada ingesta de orina o pasar tiempo sentado en la caja orgónica. (Esto último consiste en una caja metálica forrada en madera —¿un sarcófago vertical?— que supuestamente concentra energía y despierta la libido del usuario, o la refuerza según los casos).

No hay referencias a estas bizarrías en la biografía de Kenneth Slawenski, *J. D. Salinger: una vida oculta*, quizá porque era difícil e imposible confirmarlas. Tras la publicación y éxito absoluto de *El guardián entre el centeno* (1951) y la consiguiente fama y atención mediática, Salinger se aisló del mundo en la pequeña localidad de Cornish (New Hampshire). Allí vivió protegido por abogados y pleitos contra cualquier publicación sobre su figura —biografías, epistolarios... no se podía ni poner su foto en las solapas de las cubiertas de sus libros—, y altos muros, perros y una escopeta contra periodistas y civiles curiosos. Nunca se grabó su voz, solo concedió una entrevista —telefónica— en toda su vida, y en una de sus últimas fotos públicas, que fueron tomadas treinta años antes de su muerte, sale gritando a un fotógrafo entrometido.

En la reciente reedición española de su obra completa, en uno de esos estuches conmemorativos de algún aniversario, pero pensados para la campaña navideña, etc., apenas es posible hacerse una idea de lo que hay dentro de la caja. La única información que consta en la web de la editorial es: «Por expreso deseo del autor, no está permitido que la editorial aporte en su material promocional ningún tipo de texto adicional, información biográfica, cita o reseña relacionados con esta obra».

Hay cuatro libros, literal, porque no publicó más —se le pueden sumar a esos cuatro títulos algunos cuentos sueltos más en *The New Yorker*—: *El guardián entre el centeno*; *Nueve cuentos* (1953); *Franny y Zooey*, novela en dos partes desde que ambos relatos aparecieran juntos en 1961; y *Levantad, carpinteros, la viga del tejado* y *Seymour: una introducción*, dos relatos editados en un solo volumen en 1963, año a partir del cual no volvió a publicar nada en toda su vida, cuarenta y siete años de silencio editorial.

En su libro, Slawenski planteó el mayor misterio de todos (incluso Stephen King especuló sobre ello): ¿siguió creando Salinger en su aislamiento?, ¿qué había en su caja fuerte?

Su hijo, Matt Salinger, que preservó la memoria de su padre presentando un retrato más amable que el de su hermana y es además depositario de los derechos de las mil páginas de lo inédito que dejó escrito su progenitor, dice que se publicará todo, que están en ello, que quedan unos *few years* —a saber— y que los textos interesarán más que una secuela de *El guardián entre el centeno*.

83

Asimov y la tienda de caramelos
(1920-1992)

Todos los grandes lectores tienen su momento fundacional. Para unos es una epifanía, un auténtico acontecimiento revelador. Y para otros, una coyuntura impuesta por la vida misma. Sea como fuere, se forja en ese momento su compromiso imperecedero con la lectura. Isaac Asimov, uno de los escritores más influyentes y conocidos de la ciencia ficción —sin ser la ciencia ficción el género que más publicó—, se hizo lector en una tienda de caramelos.

Una tienda de caramelos en la que pasó dieciséis años de su vida, hasta que le relevó su hermano. Una tienda de caramelos que abría desde las seis de la mañana hasta la una de la madrugada. Una tienda de caramelos que fue el único recurso familiar para superar la Gran Depresión.

La tienda de caramelos le privó de las relaciones sociales y las actividades extracurriculares, pero a cambio le dio dos cosas. Primero, un horario de trabajo preciso y severo, que mantuvo toda su carrera —fama mediante— y le permitió alcanzar el extraordinario ritmo de escritura que tiene como resultado la publicación de casi quinientos libros en vida. Segundo, una excusa para leer.

En el tiempo de espera, entre cliente y cliente, una vez obtenido el permiso paterno y cuidando de cada volumen para no malograr su posterior venta, asaltó las estanterías de folletines de la tienda. Los relatos populares, la literatura *pulp* de superhéroes, de detectives, el wéstern, la ciencia ficción... Material de ínfima calidad, con tramas repletas de clichés y personajes construidos a partir de estereotipos, pero fáciles de leer, muy entretenidos; iniciadores de la genealogía del entretenimiento que después llevó al cómic, luego a la televisión, y ha terminado en las pantallas de los móviles (vamos cada vez a menos). Estas fueron las lecturas que atraparon al niño y joven Asimov en otros mundos, y en la costumbre de pasar páginas para recorrerlos; quizá también crearlos. Recordemos Aurora, Solaria, Trántor...

Combinó estas lecturas con otras más serias en sus visitas a la biblioteca pública. Igual se le podía encontrar leyendo a Walter B. Gibson que a Shakespeare. Leía de todo, pero siempre gratis, de prestado. En casa no había dinero para libros. Pero como Asimov quería poseer biblioteca propia —la estantería repleta, el placer del bibliótafo— y libros de terceros no tenía para nutrirla, los tuvo que escribir él mismo.

Si la lectura de los folletines conformó su prosa directa y sin pretensiones, de su aprecio por las lecturas más elevadas extrajo la enorme cantidad de conocimiento que su prodigiosa memoria, en tándem con su talento innato, encauzaron hacia el terreno de la divulgación. No hay que olvidar que la no ficción conforma el grueso de su obra publicada. Apenas dejó sin tocar algún tema de los contemplados en los sistemas de clasificación de las bibliotecas. Fue un humanista, mucho más que un escritor.

84

Bradbury es una máquina de escribir
(1920-2012)

No tengo claro, ni ha lugar aquí, todo lo que necesita un escritor para serlo de verdad —además de escribir ficción, por descontado—. Pero sí tengo claro lo que menos necesita: estudios oficiales. Puede tener una carrera para contentar a los padres y para intentar una profesión que luego nunca ejercerá. Con las necesarias excepciones que confirman la regla, las biografías de los grandes nos dicen que estos estudios maltratados fueron Derecho y Medicina; más tarde, también Ingeniería y Arquitectura. Pero la historia nos demuestra que los mejores libros de ficción poco o nada tuvieron que ver con la titulitis universitaria.

La prueba viviente del caso es Ray Bradbury —o Dickens, o Twain, o Wells, o Capote, o Faulkner—. El maestro de la ciencia ficción interrumpió sus estudios después de cursar secundaria. No tenía dinero, pero tampoco fe en la universidad. Su programa de estudios superiores fueron diez años de biblioteca pública tres días a la semana: «Las bibliotecas me criaron», declaró.

Hacia la treintena seguía sin tener dinero, en este caso para una oficina y una máquina de escribir propias desde las que potenciar su carrera como escritor y dar el salto a la novela, pero algo de fe en la universidad sí debió recuperar —siquiera por conveniencia— cuando, paseando por el campus de la Universidad de California, descubrió que existía una sala de mecanografía donde se podía alquilar una máquina por diez centavos la media hora: «El tiempo era, de hecho, dinero», dijo Bradbury.

Entre esa máquina de alquiler del sótano, y la influencia de sus maestros los libros de la Biblioteca Powell situada en pisos superiores, Bradbury escribió una de las dos obras por las que sería recordado, él mismo y el género de la ciencia ficción, su primera novela: *Fahrenheit 451*. La terminó en tiempo récord —aunque ayudado por cinco de sus relatos, en los que se basó— para ahorrar dinero, pero también para volver cada día lo más pronto posible con su mujer e hijos. En total, nueve días; 9,80 dólares en monedas de diez centavos; 98 monedas.

He extraído la siguiente cita de su posfacio a esta obra:

> No puedo explicarles qué excitante aventura fue, un día tras otro, atacar la máquina de alquiler, meterle monedas de diez centavos, aporrearla como un loco, correr escaleras arriba para ir a buscar más monedas [...]. No podía detenerme. Yo no escribí *Fahrenheit 451*, él me escribió a mí. Había una circulación continua de energía que salía de la página y me entraba por los ojos y recorría mi sistema nervioso antes de salirme por las manos. La máquina de escribir y yo éramos hermanos siameses, unidos por las puntas de los dedos.

Pero eso es lo maravilloso en el hombre. Nunca se descorazona o disgusta tanto como para no empezar de nuevo.

Fahrenheit 451

85

Miguel Delibes y Ángeles despejan la «X»
(1920-2010)

En el contexto de la vida de escritor, donde lo habitual es la soltería, el divorcio y la infidelidad, la historia de amor entre Miguel Delibes y Ángeles de Castro despunta como la gran excepción. El autor la conoció con veintidós años. Se enamoró, se casó y pasaron toda su vida juntos.

Sabiendo de tan feliz destino, a Delibes le quedó muy tierno el pseudónimo utilizado en los inicios de su carrera periodística, que no fue como columnista sino como caricaturista. Delibes firmaba sus creaciones para el periódico como MAX, un romántico acrónimo en que la «M» era «Miguel» y la «A» era «Ángeles».

La «X», lo que el futuro quisiera para la pareja, que resultó ser el amor hasta que la muerte los separase, siete hijos, dieciocho nietos, y una novela, *Señora de rojo sobre fondo gris* (1991), cuyo título tomó Delibes del retrato que de Ángeles cuelga tras su escritorio.

Al fallecer el escritor, la familia Delibes de Castro institucionalizó tanto el acrónimo como los cien kilómetros que recorría Miguel a través de la montaña —de Molledo (Cantabria) a Sedano (Burgos)— para visitar a su novia durante las vacaciones de verano. Fundaron una carrera ciclista anual emulando el recorrido, bautizada como la MAX. En ella todos sus participantes gritan al comenzar: «La "X" somos todos».

Cartero Honorario

A Delibes no le dieron el Nobel, entre otros motivos, porque se lo dieron a Cela. Estas cosas pasan cuando dos o más grandes de las letras comparten generación. Sin embargo, la ausencia en su palmarés que incomodó a Delibes no fue la del Nobel, sino la de Cartero Honorario, distinción que hizo Correos a Cela y que Delibes siempre envidió. El reconocimiento da dos prebendas: utilizar el uniforme de cartero y tener un matasellos propio; concesión, esta última, que exime de pagar por el franqueo de las cartas. Delibes enviaba muchas, le habría ahorrado un buen dinero.

86

Carmen Laforet: primera y última
(1921-2004)

Hay escritores que quedan asociados a personajes que trascienden a su creador. Luego hay escritores que quedan asociados al título de un libro que trasciende a todo el resto de su creación. El caso más representativo de la literatura española es el de Carmen Laforet.

Carmen Laforet es su novela *Nada*, y *Nada* y Carmen Laforet son, a su vez, el Premio Nadal, que ganó en su primera edición de 1944. ¿Recordáis otro autor o novela ganadores del Premio Nadal? ¿Recordáis algún otro libro de Carmen Laforet?

Laforet escribió *Nada* con tan solo veintitrés años. Dice Carme Riera, académica de la RAE y premio Nacional de las Letras Españolas, que a Laforet le preguntaban sus compañeros de universidad qué hacía pegada a su cuaderno y que al contestar que escribía una novela quisieron saber si tenía título: «No, *nada*». Su hija, Marta Cerezales, cuenta que de pequeña negaba que su madre fuera escritora. El título de la genial novela entremezclado con su experiencia familiar le presentaba a su madre como nadadora.

Laforet escribió su inmortal novela entre Barcelona y Madrid. Aunque el ambiente gris, triste, angustioso y sórdido es el de su experiencia en la Ciudad Condal, lo autobiográfico es el ambiente generalizado de la España de posguerra y el de su deprimida burguesía.

Presentó la novela al Premio Nadal en el último momento, animada por el periodista y editor Manuel Cerezales, con el que se casará después de ganarlo. Fue el último manuscrito en llegar al jurado, y la sorpresa al conocer la identidad de la autora debió de ser mayúscula. Batió todas las quinielas, las cuales daban a César González-Ruano por ganador de esa primera edición del galardón.

El éxito de crítica fue absoluto, incluso recibió las alabanzas de Juan Ramón Jiménez y Azorín. Su éxito de ventas y repercusión literaria equiparó al de *La familia de Pascual Duarte*, de Camilo José Cela, y ambas, junto con el *Quijote*, claro, se convirtieron en las novelas españolas más traducidas hasta el momento. Dos años después de su publicación se estrenaba la película, dirigida por Edgar Neville. Tocar el cielo con la primera novela.

¿Y después? Algo tuvo que ver la presión mediática, que se preguntaba —exigía— por nuevas obras y deseaba saberlo todo de una mujer que combinaba su actividad literaria con el cuidado del hogar. También influyó la del público, que quería continuar disfrutando de sus letras cuanto antes. Y estaba su familia, cuidar a cinco niños que tuvo muy seguidos... Antes de acabar bloqueada —pasó cuarenta años sin conceder entrevistas— escribió cuatro novelas más y una buena colección de relatos, pero con ninguna de sus creaciones posteriores fue capaz de igualar el éxito de un debut que en realidad nunca quiso.

La mujer nueva

La tercera novela de Laforet, *La mujer nueva* (1955), narra la conversión religiosa de una mujer adúltera. El protagonismo del catolicismo y el triunfo de la fidelidad gustaron mucho al franquismo, y se le concedió el Premio Nacional de Literatura. Pese a las críticas hacia la escritora, acusada de plegarse al régimen y renunciar a su libertad creadora, Laforet no hizo sino lo que había hecho siempre, llevar a sus páginas su propia experiencia personal. Una travesía mística a través del catolicismo, un viaje que hizo de la mano de su gran amiga Lilí Álvarez, la primera tenista española de talla internacional y la primera en disputar una final de Wimbledon.

87

Los 36 metros de Kerouac
(1922-1969)

La manera en que Jack Kerouac escribió *En el camino* (1957) ha dado pie a los periodistas y críticos literarios para hacer la broma en sus titulares —«El rollo que escribió Kerouac»; «El mítico rollo de Kerouac»; «Jack Kerouac y el rollo de la vida»—, así como para otros tantos intentos de ingenio referidos a su formato. Este se ha comparado con un papiro de la Antigüedad, con el *scroll* infinito de internet... Yo al titular este capítulo no he querido ser menos.

El máximo representante de la generación *beat* recorrió durante tres años, de 1947 a 1950, buena parte de Estados Unidos y México junto con sus amigos. La experiencia y la compañía centraron el tema de su más conocida creación, una de las novelas en inglés más influyentes de la historia de la literatura reciente y uno de los iconos de la posmodernidad que se estaba fraguando por entonces.

Para escribir *En el camino*, Kerouac puso las hojas de sus notas manuscritas una a continuación de la otra, pegadas entre ellas, y durante tres semanas mecanografió sin parar, seis mil palabras al día y quince mil la última jornada. El resultado fue un rollo de papel de teletipo de treinta y seis metros —ocho tramos de desigual longitud pegados— con un texto de 175.000 palabras a un solo espacio, sin puntos y aparte, es decir, sin párrafos, y sin márgenes. La redactó y la presentó como se lee y como hizo su viaje: veloz, apresurado, desenfrenado, improvisado.

Para hacerse una idea musical, hay que recordar que a Kerouac se le considera el Charlie Parker de la literatura. Pero contra los rumores esparcidos por las malas lenguas y la comparación con el saxofonista —y contra lo que a todos se nos ha pasado por la cabeza al leer el párrafo anterior—, Kerouac no consumió drogas en el proceso. Llevó a cabo la proeza a base de café, lo que a estas alturas parece plausible dado que todos sabemos de sus posibilidades gracias a lo que hemos contado en este libro sobre Balzac.

Cuando vio el rollo, su editor Robert Giroux se sintió desconcertado. No vio la forma de manejar aquello. Tuvieron que pasar seis años hasta que el agente literario Sterling Lord reconoció el potencial de la obra y la colocó para su publicación en Viking Press, aunque con una espuria división por capítulos y censuras. Hoy hay ediciones y traducciones del libro que reproducen el rollo original.

MECANOGRAFIAR

Truman Capote dijo del rollo de Kerouac: «Eso no es escribir, ¡es mecanografiar!». En parte, razón no le falta, ¡y qué ritmo en las teclas! En 2001 ese rollo costó dos millones y medio de dólares, lo que pagó James Irsay, principal propietario y CEO de los Colts de la NFL, cuando salió a subasta.

Llevaba un libro que había robado en una librería de Hollywood, pero prefería leer el paisaje americano que desfilaba ante mí.

En el camino

88

Mishima: culturismo y horror suicida
(1925-1970)

De las muchas anécdotas que circulan acerca del excéntrico Yukio Mishima, cuya vida está impregnada toda ella de una pátina de locura, solo tres —las más impresionantes— son ciertas: uno, además de escritor, fue culturista; dos, justo antes de morir intentó un golpe de Estado; tres, se suicidó por *seppuku* en una ejecución del rito desastrosa.

Otras, como que fuera descendiente de una familia de samuráis de la era Tokugawa, los orígenes de su pseudónimo o la verdadera razón de su exclusión como combatiente en la Segunda Guerra Mundial, no están del todo claras.

El pseudónimo —su nombre real era Kimitake Hiraoka, «príncipe guerrero»— pudo inspirarse en la ciudad de Mishima, situada a los pies de un nevado monte Fuji —*yukio*, «nieve» en japonés—, como pudo salir al azar de un listín telefónico. Cuando lo llamaron a filas, no se sabe si fingió padecer tuberculosis cuando solo tenía un simple catarro o si los médicos confundieron los síntomas. Tiene más probabilidades de ser cierto lo último, dado que su mayor deseo de juventud fue convertirse en piloto kamikaze.

Respecto al culturismo, acomplejado por su endeble y frágil constitución, Mishima creó una máscara de músculos en torno a su figura; esculpió su cuerpo y lo fotografió en repetidas ocasiones —siempre desde ángulos favorecedores para sus piernas, que tuvo dificultades de hipertrofiar—. Fue un raro hábito para un japonés que se preció de tradicionalista si consideramos los orígenes occidentales del culturismo, aunque un hábito acorde con su filosofía personal del héroe y el hombre de acción que combinó con la práctica del kendo —un arte marcial parecido a la esgrima— para hacerlo todo algo más oriental.

Junto a un centenar más de esos hombres de acción, jóvenes defensores de la cultura tradicional japonesa, funda en 1968 el grupo paramilitar Tatenokai (Sociedad del Escudo). Dos años después, aprovechando la amistosa e ingenua invitación al cuartel militar de Ichigaya del general simpatizante Kanetoshi Mashita, cuatro integrantes de la milicia liderados por Mishima reducen a la guardia del oficial y se atrincheran por la fuerza en su despacho. El escritor, culturista y ahora rebelde pronuncia desde el balcón un discurso llamando al levantamiento contra la influencia occidental, y ante las risas de los soldados y la consiguiente humillación se practica el *seppuku*.

La primera parte de la ceremonia se desarrolló bien, el tajo que practicó sobre su vientre fue preciso y profundo. La segunda, la decapitación, resultó un sangriento desastre que necesitó de las katanas de dos milicianos y cuatro intentos con el consiguiente agravamiento de la agonía y unas heridas espeluznantes que truncaron aquello que el escritor siempre repetía y que algunos idealizan: «Quiero hacer de mi vida un poema».

89

El año sabático de Harper Lee
(1926-2016)

El ideal de todo amante de las letras —lectores, escritores, investigadores y estudiosos— es dedicarse a ellas a tiempo completo. La arcadia soñada. El paraíso en vida al alcance de unos pocos. La realidad se impone, sin embargo. Las letras te gustan, pero no te las puedes permitir. Son un lujo a tiempo parcial, un capricho para los descansos del trabajo. Una afición para la madrugada, ejercida cuando tu familia duerme.

En esas se encontraba Harper Lee en 1956. Trabaja en una aerolínea vendiendo pasajes y escribe en las pocas horas que le restan de jornada. En diciembre de aquel año no tiene tiempo ni dinero para volver a casa (Monroeville, Alabama) por Navidad, y se queda en Nueva York con sus amigos los Brown: Michael, compositor; Joy, bailarina de ballet; y sus dos hijos.

Los Brown habían leído algunos de los cuentos con los que Lee había comenzado a escribir en sus ratos libres; disponían de copias de los mismos que hicieron llegar a sus propios representantes, Maurice Crain y Annie Laurie Williams, quienes también actuaban como destacados agentes literarios de la escena artística norteamericana. Ambos matrimonios identificaron el potencial de Lee para la literatura.

Michael Brown —que sí vivía en la arcadia del arte a tiempo completo— recibió en el invierno de aquel año un cuantioso ingreso por la venta de uno de sus últimos musicales. En un acto de verdadera generosidad, los Brown hicieron a Lee —en realidad, por lo que ahora se verá, a todos sus lectores— el mejor regalo posible: un año a gastos pagados para escribir una novela.

Vaya si lo aprovechó. De los primeros seis meses de 1957 saldrá el borrador de la inolvidable y por muchos años primera y única novela *Matar a un ruiseñor*, publicada finalmente en 1960 tras múltiples revisiones, reescrituras e idas y venidas con los editores. También en aquellos meses hubo un primer intento de escribir dicha novela que fue descartado por recomendación de los editores para dar paso a la historia presentada en *Matar a un ruiseñor*. Tras permanecer medio siglo olvidado en la caja fuerte de la editorial, el manuscrito terminará viendo la luz con el título de *Ve y pon un centinela* en 2015, como secuela de la novela definitiva que en realidad escribió en segundo lugar.

Todavía se puede palpar la polémica que rodeó dicha publicación. Se duda de que la escritora diera un consentimiento real y verdadero amparándose en diversas razones: que a sus ochenta y ocho años su salud se hallaba muy mermada; que su hermana, su principal cuidadora y valedora, falleciera dos meses antes de anunciarse la publicación; o que ella misma asegurara que no firmaría nuevas creaciones. Incluso se llegó a activar una investigación del estado de Alabama por posible caso de abuso de ancianos en la que se interrogó a la escritora. No se hallaron indicios de fraude.

Pero que el final no empañe el gran obsequio de los Brown para la historia de la literatura. *Matar a un ruiseñor* figuraba al primer mes de su publicación entre los diez más vendidos de *The*

New York Times. En los seis meses siguientes se habían vendido medio millón de ejemplares. Un año después recibe el Premio Pulitzer de Ficción 1961. Sesenta años más tarde es todo un clásico de la literatura del siglo xx.

90

Corín Tellado y las «novelas de sentimientos» (1927-2009)

En todo hay niveles, hasta en el desprecio injustificado que hacemos a ciertos géneros literarios. En esa actitud desdeñosa hacia determinado tipo de novelas se subestiman las aportaciones de la ciencia ficción, la fantasía y el terror, y sus habituales alzan la voz en su defensa, aunque sin resultados patentes en las correspondientes cifras de ventas anuales. Nada en comparación con el desdén generalizado, casi el repelús, hacia la novela romántica. Eso es otro nivel.

Si bien la novela romántica ocupa un rango superior en ventas a la ciencia ficción, la fantasía o el terror, y el porcentaje anual de publicaciones de este género se acerca al de las socorridas recuperaciones de clásicos, tiendo a pensar que sus fans —mayoritariamente mujeres, eso es así— son menos combativas y van a lo suyo, que es leer lo que les gusta y punto.

A tenor de esta prejuiciosa displicencia y el desconocimiento generalizado de los datos acerca de lo que leemos, a muchos les va a costar hacerse a la idea de lo siguiente: que el escritor español más leído de la historia de la literatura después de Cervantes, con más de cuatrocientos millones de copias de sus obras vendidas, es Corín Tellado, nombre artístico de María del Socorro Tellado López —de pequeña Socorrín, y de ahí Corín—, autora de novelas románticas o «de sentimientos», como ella gustaba de llamarlas.

El récord, todavía sin batir, fue reconocido por la Unesco en 1962, y quedó registrado en el *Libro Guinness de los récords* de 1994.

Se dedicó toda su vida a escribir, literal; de los diecisiete hasta el mismo año de su muerte. Ya lo dijo ella: «Dejaré de escribir cuando me caiga la cabeza sobre la máquina. Yo no me rindo». Recibió la Medalla al Mérito en el Trabajo en 1998. Algo tendría que ver sus seis horas de trabajo literario diarias y el hecho de escribir una novela cada cuarenta y ocho horas.

Empezó con Bruguera, a razón de una novela semanal. Después para la revista *Vanidades*, publicada en Hispanoamérica, a razón de dos novelas al mes —con su colaboración la cabecera cuadriplicó su tirada—. En total, publicará unos cinco mil relatos y novelas, en su mayor parte novelas cortas de un centenar de páginas. Para que algunos aún se asombren de Simenon y sus diez novelas anuales...

La adaptación de su narrativa al formato de la fotonovela es algo digno de conocer, y también se hicieron seriales radiofónicos, más tarde telenovelas. En su estreno, la colección vendió de la primera fotonovela 750.000 ejemplares en la semana de lanzamiento. Con el pseudónimo de Ada Miller hará a finales de los setenta sus escarceos en la novela erótica.

Al morir, todavía le quedaban tres novelas inéditas por publicar.

CORÍN TELLADO Y MARIO VARGAS LLOSA

En la misma línea de ruptura de los estereotipos cabe recordar la admiración que el premio Nobel de Literatura 2010, Mario Vargas

Llosa, profesaba por Corín Tellado. Tras su fallecimiento en 2009 decía así en *El País*:

> Corín Tellado, la escribidora asturiana que murió el mes pasado, a sus ochenta y dos años, fue probablemente el fenómeno sociocultural más notable que haya experimentado la lengua española desde el Siglo de Oro. Aunque esto parezca herejía, y lo sea desde un punto de vista cualitativo, no lo es desde el cuantitativo, porque ni Borges ni García Márquez ni Ortega y Gasset ni cualquier otro de los más originales creadores o pensadores de nuestra lengua ha llegado a tanta gente ni influido tanto en su manera de sentir, hablar, amar, odiar y entender la vida y las relaciones humanas como María del Socorro Tellado López.

Llegó a entrevistarla en el programa *La torre de Babel*. Allí el peruano preguntó a la española con quién pasaría un día en una isla desierta.
—Con Vargas Llosa y Francisco Umbral —le dijo Corín.
—¿Para qué?
—Para verlos pelear. Me encantaría.

91
Philip K. Dick versus Stanislaw Lem
(1928-1982)

El estadounidense Philip K. Dick y el polaco Stanislaw Lem tienen mucho en común. Ambos escribieron en los márgenes de los márgenes de la literatura. No solo se decantaron por la siempre denostada ciencia ficción, sino que, dentro del género, utilizaron la especulación literaria para acometer una indagación de la naturaleza humana las más de las veces compleja. Ninguno se lo puso fácil a sus lectores.

Como muchos escritores de ciencia ficción, accedieron a los profanos del género con las adaptaciones cinematográficas de sus obras que terminaron siendo filmes de culto. En el caso de Dick, con *Blade Runner* (1982, Ridley Scott), adaptación libre de su novela *¿Sueñan los androides con ovejas eléctricas?* En el caso de Lem, con la adaptación de su novela homónima *Solaris* (1972). Quiero creer que en la versión de Andréi Tarkovski y no la de Steven Soderbergh de 2002.

Para postre, fue Lem quien se encargó de la traducción de *Ubik* al polaco, iniciándose un carteo entre ambos escritores en el que se sucedieron las invitaciones del escritor soviético para que Dick le visitara en Europa. Los piropos de Lem no acabaron ahí: en el número especial de 1975 de *Science Fiction Studies* dedicado a la obra del norteamericano, lo puso por las nubes en su artículo «Un visionario entre charlatanes».

Lejos de mostrarse agradecido, a Dick le dio un ataque de paranoia. Interpretó todas estas amabilidades como un intento de atraer su genio a la causa comunista, en una iniciativa liderada por Lem. Dick llegó a pensar que en realidad Lem no existía, sino que era un colectivo —el acrónimo conformado por «Lenin, Engels, Marx»—, una sección del servicio de inteligencia soviético orientada a minar con medios culturales y literarios el bando estadounidense mediante la captación de sus intelectuales.

Si lo que les unía era mucho más que lo que les separaba, ¿por qué Dick lanzó estas acusaciones? Caben dos posibilidades: iba drogado —hipótesis plausible, dadas las condiciones en que solía ponerse a escribir—; o malinterpretó el motivo por el cual no le llegaron sus regalías por la traducción al polaco. Dick pudo creer que la culpa era de Lem, pero lo cierto es que el impedimento fue precisamente las restricciones en la circulación de divisas provocada por esa división del mundo en dos bandos que el autor estadounidense pareció querer hacer suya.

No necesitamos otros mundos. Necesitamos espejos. No sabemos qué hacer con otros mundos. Con uno, ya nos atragantamos. Aspiramos a dar con nuestra propia idealizada imagen.

Solaris

92

Los bólidos de Françoise Sagan
(1935-2004)

Hay al menos un estereotipo que, pese a todos los esfuerzos de la deconstrucción y la justicia social, resiste incólume al paso del tiempo: la asociación entre coches deportivos y de alta gama, y los hombres que afrontan con estoicismo fingido su inexorable crisis de los cuarenta. Y por eso mismo hay al menos una escritora que, pese a todos los avances en la consideración de la obra y vida de las mujeres, sigue desafiando la mentalidad colectiva.

A Françoise Sagan, de nombre real Françoise Quoirez —sacó su apellido literario de los príncipes Sagan de Marcel Proust (*Por el camino de Swann*)—, le pasó un poco como a Carmen Laforet, que triunfó con su primera novela, *Buenos días, tristeza* (1954), extremadamente joven, para luego vivir a la sombra de ese debut estelar.

Pero le pasó solo un poco como a Laforet, porque si la española se volcó a partir de entonces en sus hijos, Sagan pisó el acelerador de su vida social, ambas autoras muy en línea con sus diferentes concepciones de la vida y el mensaje de sus obras. No hay que olvidar que la joven Cécile, la protagonista de diecisiete años de la novela de Sagan, es todavía el gran icono narrativo de la libertad sexual. Su creadora, que para cuando da vida al personaje tiene tan solo dos años más que su creación, tuvo que firmar con el apellido cambiado por orden de su padre, para evitar que el escándalo afectara a la familia.

Al éxito de esta ópera prima se le sumaron *Una cierta sonrisa* (1956), otro triunfo editorial que además confirma su talento, y los derechos de autor por la adaptación al cine de *Buenos días, tristeza* bajo la dirección de Otto Preminger en 1958.

A Sagan le ocurrió lo que a los futbolistas, se vio famosa y millonaria a los veinte, y fiel a su estilo libertino se dio a la buena mala vida. Fiestas, bebida, drogas, parejas varias entre hombres y mujeres, prisión conmutada, multas y una afición desmedida por la velocidad en coches descapotables, deportivos y caros, que gustaba de conducir descalza.

Con su Jaguar XK 120 iba de París a Saint-Tropez acompañada de Preminger. Le supo a poco y se hizo con uno de los tres bólidos 36S de ocho cilindros para las 24 Horas de Le Mans. Nada menos que 233 caballos a las órdenes de toda una escritora, a los que siguieron el Aston Martin en el que se la pegó en 1957, al tomar mal una curva a 160 kilómetros por hora. Quedó atrapada entre los restos del vehículo, y a punto estuvo de no contarlo. Le llegaron a dar la extremaunción.

Tras una larga recuperación, y muchos tranquilizantes y morfina a los que permanecerá enganchada de por vida, volvió a la carretera con un Ferrari 250 GT.

93

Obra y premios póstumos de John Kennedy Toole (1937-1969)

La tenacidad de las madres por apoyar la carrera de sus hijos, tanto como el deseo de un hijo de permanecer bajo el ala protectora de su madre todo el tiempo que le sea posible, incluso si tiene los medios para independizarse, alcanza su máxima expresión en la historia de la literatura en la trágica figura del escritor estadounidense John Kennedy Toole.

En sus treinta y dos años cortos de vida, John permaneció en el domicilio familiar, tremendamente unido a su madre. Thelma Toole siempre pensó que su hijo era un genio y que llegaría muy lejos, y se encargó de que su vástago lo interiorizara y sintiera el vaticinio como propio.

De si la relación madre-hijo era más o menos sana, o de si el triste final para John podría correlacionarse con la profunda decepción sentida tras el choque de su elevada autopercepción con el rechazo que la vida tiene por costumbre imponer, se ha podido esclarecer más bien poco en el transcurrir de los años debido a la opacidad que siempre rodeó la vida familiar de los Toole. De ello se cuidó bien Thelma.

John solo pasó fuera dos años, tras ser reclutado por el ejército y enviado a Puerto Rico en 1961 para ejercer como profesor de inglés en Fort Buchanan para los reclutas hispanohablantes. De civil, John era profesor universitario.

Al volver, sus amigos le aconsejaron que aprovechara el momento para independizarse. No quiso, estaba absorto ultimando la historia que había empezado a escribir durante el servicio militar, la historia de Ignatius J. Reilly, un excéntrico inadaptado, misántropo y narcisista con el que el escritor quería denunciar la hipocresía de la modernidad, el fracaso del sueño americano y la naturaleza tragicómica de la naturaleza humana.

Con tan elevados temas de por medio, *La conjura de los necios* es uno de esos libros de los que, si te preguntan de qué tratan, lo único que se te ocurre decir es que no tratan de nada en concreto, porque al no tratar de nada en realidad trata de todo. Fue la respuesta que le dieron en Simon & Schuster cuando rechazaron el manuscrito, que no trataba de nada en concreto.

El mismo resultado obtuvo en todas las editoriales en las que Kennedy Toole hizo el intento. Nadie quiso publicar la novela. Nada nuevo bajo el sol de un escritor novel, en cualquier caso. Pero John, siempre según Thelma, se lo tomó tan a pecho que puso un extremo de la manguera del jardín en el tubo de escape del coche y el otro en la ventanilla del conductor. La nota de suicidio fue destruida por su madre.

Esto ocurrió en 1969. En 1980, once años después, la insistencia de Thelma dio resultado y *La conjura de los necios* vio por fin la luz en la Louisiana State University Press gracias a la ayuda de Walker Percy, novelista que sumó su celebridad al hecho de ser originario de Nueva Orleans y a sus contactos en la universidad para lograrlo.

Vamos, que *La conjura de los necios* es la primera obra publicada de John Kennedy Toole, y además es póstuma. Si bien no fue la última, porque tras el *boom* editorial de esta se publicó otra, *La Biblia de neón* (1989), que escribió con dieciséis años. Un caso singular, en definitiva, acrecentado por el también póstumo Premio Pulitzer de Ficción que recibió un año después, en 1981. Singular, aunque no inédito. En 1958 ya se había otorgado esa categoría de los Pulitzer a *Una muerte en la familia* de James Agee, publicada tras el fallecimiento de su autor. Y, en 1982, el año inmediatamente posterior al Pulitzer de Toole, volvería a concederse de manera póstuma a Sylvia Plath, si bien en este caso en la categoría de Poesía.

94

Paul Auster: suerte, muerte, dinero y pelotas
(1947-2024)

La anécdota más conocida de Paul Auster acerca de cómo se hizo escritor es aquella del lápiz —aunque digo yo que sería un boli— que no llevaba encima cuando se encontró en los alrededores del estadio de los Giants con Willie Mays. El jugador accedió a firmarle, pero el ilusionado Auster de ocho años y sus padres no tenían con qué ejecutar el autógrafo.

El futuro escritor se prometió a sí mismo que nunca dejaría de llevar uno cuando saliera a la calle: «Después de aquella noche comencé a llevar un lápiz conmigo allí donde iba. Si llevas un lápiz en el bolsillo, hay bastantes posibilidades de que un día te veas tentado a utilizarlo». Un año más tarde de aquella desilusión, a los nueve, empezó a escribir poesía; a los diez, sus primeros cuentos; a los doce, su primer relato largo.

Hay otras tres anécdotas además de esta. La segunda nos lleva a una tarde de truenos y relámpagos, durante un campamento de verano en el que un Auster de catorce años y sus compañeros buscan refugio del aguacero en medio del bosque. El recorrido los obliga a atravesar una alambrada metálica de uno en uno y el joven que la atraviesa antes que el escritor muere electrocutado por un rayo que impacta en la cerca en ese momento. «Aquel día aprendí que la muerte acecha entre nosotros y puede golpear en cualquier momento. Esa idea está en la base de todo lo que escribo».

La tercera de las causas enlaza con sus lecturas de juventud. Un año después del suceso del campamento, cuando contaba los quince, leyó *Crimen y castigo*, de Dostoievski: «Ese libro me trastornó. Jamás había leído nada así; cuando lo terminé decidí que, si alguien había sido capaz de crear algo así, yo también quería intentarlo».

En la cuarta también intervino la muerte y la literatura. No fue tan evocadora como las anteriores, pero sí definitiva. Tras años de bloqueo como escritor, y una dura etapa marcada por el fracaso de su matrimonio y divorcio, logró salir del bache creativo con *Espacios en blanco* (1979). La misma madrugada en que terminó el manuscrito, su padre murió de un ataque al corazón. Con el dinero que le dejó en herencia —había hecho un buen dinero como agente inmobiliario—, Auster pudo dedicarse a escribir con calma.

A los sesenta, siendo ya un escritor consagrado, Willie Mays le regaló una pelota de béisbol firmada.

Solo la oscuridad tiene la fuerza necesaria para hacer que un hombre le abra su corazón al mundo.

La trilogía de Nueva York

95
El primer superventas de Stephen King
(n. 1947)

Cuando se habla de esos pocos escritores que no solo pueden vivir de escribir, sino que se han hecho multimillonarios con sus libros, uno no puede sino pensar en cómo fueron sus inicios, porque dichos inicios fueron los de cualquier hijo de vecino. Las historias de superación personal salpicadas con algo de suerte nos gustan, y no podemos dejar de sentir en ellas una cierta esperanza reflejo basada en aquello de «si él pudo, quién sabe si yo...».

En el caso de Stephen King, sus inicios fueron peor que los de cualquier hijo de vecino. La precariedad le acompañó desde su infancia y se extendió hasta el matrimonio y su propia familia. Trabajó en el tinte de una fábrica textil, en una lavandería y en el Dunkin' Donuts antes de mejorar su situación financiera como profesor de secundaria de una pequeña localidad. A su mujer no le fue mucho mejor, y debían mantener a dos niños.

Carrie, su primera novela publicada (1974), vino a cambiar su suerte, no tanto por la edición *trade*, por la que le dieron 2.500 dólares de anticipo, como por la venta de los derechos de la novela a bolsillo, por la que le pagaron 100.000.

Sin embargo, su primer superventas fue muy anterior y data de 1961, cuando con solo catorce años —en el organismo bien inoculado el virus de la escritura que se había manifestado desde los seis—, decidió hacer un libro a partir de la película de terror *El péndulo de la muerte*. El guion de este filme era del gran Richard Matheson, quien tanto influiría en los escritores norteamericanos contemporáneos —incluido el propio King desde ese mismo momento—, así como en el imaginario colectivo de lectores y espectadores de todo el mundo que vieron configuradas sus pesadillas a partir de sus creaciones.

El joven King imprimió la obra en el sótano de su casa, donde a expensas de su hermano ya confeccionaban juntos un periódico casero y disponía de todo lo necesario para su publicación. Escribió en dos días la historia de ocho páginas, más portada, bajo el sello editorial inventado de A V.I.B. BOOK (*A Very Important Book*).

Cuenta el escritor en sus memorias que puso cada ejemplar a 25 centavos para poder sacar un rendimiento económico de 40 centavos con tan solo vender diez: «Lo suficiente para financiar otro viaje educativo al Ritz [el cine local]. Si vendía dos más podría comprarme una bolsa grande de palomitas y una Coca-Cola».

Se llevó al colegio la tirada completa de cuarenta ejemplares, y para la hora de comer apenas quedaban cuatro por vender. El primer éxito editorial de King llegó a la dirección del centro, y fue convocado para llamarle la atención por convertir la escuela en un mercado. Tuvo que devolver todo el dinero fruto de la venta del libro y aguantar el rapapolvo de la señorita Hisler por desperdiciar su talento escribiendo «basura»: «Tú escribes bien. ¿Por qué desaprovechas tus facultades?».

La reprimenda de la profesora habría de repetirse a partir de entonces en boca de todos aquellos esnobs culturales que detestan la literatura que, además de ofrecer un tema interesante, entretiene al lector de principio a fin. Como si la literatura, toda la literatura, no entretuviera de una u otra manera. Lo de tener que devolver el dinero, eso no volvería a ocurrir.

96
George R. R. Martin es lento, pero no tanto
(n. 1948)

El género de la fantasía alberga el mayor número de escritores amados y odiados del conjunto de la literatura. Amados, por la adicción generada con sus historias —son raros los casos de autores del género que no la produzcan en sus lectores—. Odiados, porque esa misma adicción conduce, como todas, a querer más de lo que se consume. Pero la literatura hay que pensarla, meditarla y hasta escribirla, y al parecer esto último lleva su tiempo. Ese tiempo siempre es excesivo para los fans que esperan y desesperan.

En esta ecuación de amor-odio, el odio es directamente proporcional a los años que invierte el escritor en publicar una nueva entrega de la saga en ciernes. Porque toda la culpa la tienen las sagas: la saga pide adeptos, y los adeptos piden sagas. Un círculo vicioso en el que todos los creadores de fantasía quedan atrapados, pero que unos gestionan mejor que otros.

Brandon Sanderson es el que mejor lo lleva: año sí año también tiene un nuevo libro para sus fans —uno o cuatro, como en 2023, que publicó sus cuatro *Novelas secretas* de golpe—; ninguno baja de las trescientas páginas, y buena parte de ellos sobrepasan las quinientas. Otros autores, como Patrick Rothfuss, lo llevan peor:

su trilogía *Crónica del asesino de reyes* está en pausa desde 2011, a falta del tercer volumen.

No tan mal como Rothfuss, pero mal también —siempre según el dictamen del fanático—, lo lleva George R. R. Martin con *Canción de hielo y fuego*, una descomunal heptalogía con cinco títulos publicados y dos a la espera. Sin embargo, en 2014 alguien en *The Washington Post* hizo cuentas y puso el número total de páginas escritas por volumen publicado en relación con el tiempo transcurrido y otras sagas del género, y nos dimos cuenta de que Martin no es rápido, pero ni mucho menos lento: escribió los cuatro primeros volúmenes a un ritmo muy parecido al de J. K. Rowling con *Harry Potter*, y a uno mucho más rápido que el de Tolkien con *El Señor de los Anillos* y *El hobbit*.

Según estos cálculos, los dos volúmenes restantes para el final de la saga, *Vientos de invierno* y *Un sueño de primavera*, debían de haber llegado en 2017 y 2023, respectivamente. No fue así, pero menos por el ritmo y los años que por los títulos, es decir, no porque Martin no escribiera, sino porque ha escrito y publicado un libro distinto fuera de esta serie, pero en un plazo muy parecido al vaticinado. En 2018 llegó a las librerías *Sangre y fuego*, obra ligada a la genealogía de la dinastía Targaryen, con lo que el retraso habría sido de solo un año.

Por otra parte, dice el *fandom* que *Vientos de invierno* se espera para 2025. Contando con que sea la entrega más larga de todas las publicadas hasta el momento, con casi mil doscientas páginas de extensión, el retraso de dos años con respecto a la fecha calculada no parece una desviación a tener muy en cuenta. Martin es lento, pero no tanto.

También es cruel, pero no tanto

Se dice de George R. R. Martin que es lento tanto como se dice que es un escritor cruel. Todos sus lectores saben que cuanto más cariño le cojan a un personaje, más probabilidades tendrá este de morir en las próximas cien páginas. Sin embargo, si tomamos como protagonistas a aquellos personajes que disponen de capítulos narrados desde su punto de vista, o que tienen alguna influencia en la trama, se contabilizan en torno a diez las defunciones hasta *Danza de dragones*, y esto en unas cuatro mil páginas.

Si comparamos este número de defunciones con el acaecido en las *Tragedias*, de Shakespeare —unas dos mil cien páginas—, Martin ya no nos parece tan cruel. En la cuenta del bardo de Avon tenemos a Hamlet, Ofelia, Romeo, Julieta, lord y lady Macbeth, Otelo, Desdémona, Lear, Cordelia, Julio César, Marco Antonio, Cleopatra; por no hablar de *Tito Andrónico*, en la que mueren catorce personajes de siete maneras distintas.

Un lector vive mil vidas antes de morir. Aquel que nunca lee vive solo una.

Danza de dragones

97

Nada es normal con Houellebecq
(n. 1956)

Se pueden ser muchas cosas antes de convertirse en escritor. El histórico biográfico de los escritores a lo largo de la historia nos dice que en su mayoría han sido abogados, médicos o aristócratas. En tiempos más recientes, el escritor que no nace y se hace suele ser profesor o dependiente de establecimientos varios. Por su parte, la ociosidad de la aristocracia se ha visto reemplazada hoy por el desempleo, ese escritor sin oficio ni beneficio que por fortuna no es tan frecuente en la realidad como en el imaginario colectivo.

Con Michel Houellebecq todo es siempre distinto. Para eso es Houellebecq. No tuvo la formación ni empleo que suelen presentar los escritores ni de ayer ni de hoy. Se formó en el Instituto Nacional Agronómico de París-Grignon como ingeniero agrónomo, llevando a cabo su especialización en «Desarrollo del entorno natural y ecología». Después estudió Ciencias de la Computación.

Sus primeros empleos estables conocidos le llevaron a los departamentos de IT del Ministerio de Agricultura y de la Asamblea Nacional, como asistente administrativo. Cuesta imaginar al bueno de Houellebecq sentado frente al ordenador y solucionando partes de incidencia. O no resulta tan difícil, porque él mismo refleja buena parte de esa experiencia en *Ampliación del campo de batalla* (1994) y en menor medida en *Aniquilación* (2022).

Tampoco su nombre es normal. No porque sea un apodo artístico sustituto del real —Michel Thomas—, o porque les fue inspirado a sus padres por la belleza del Mont Saint-Michel, casos como ese hay muchos en la literatura, sino por las razones del mismo: Houellebecq es el apellido de soltera de su abuela paterna, con quien se crio en París después de que sus padres perdieran el interés en él para recorrer África en un Citroën 2CV. Tuvo una infancia dura.

Como venganza, el escritor siempre dijo que su madre, Lucie Ceccaldi, estaba muerta —«la mató», de hecho, en *Las partículas elementales* (1998)—. Pero no debía estar muerta, en cuanto que publicó *El inocente* (2008), un autobiográfico ajuste de cuentas a propósito de su hijo, del que además lo más suave que dijo en los medios fue «que le den, pero que no me meta en chismes». Dos años más tarde sí murió.

Tampoco su experiencia cinematográfica ha discurrido con normalidad en los últimos tiempos. Firmó con el cineasta experimental Stefan Ruitenbeek para trabajar juntos y actuar en uno de sus filmes, entre cuyas escenas se planteó un encuentro sexual entre Houellebecq, su esposa Qianyum Lysis Li y Jini van Rooijen. Aquello se grabó, para la película y para publicarlo en la cuenta de OnlyFans de Van Rooijen. El escritor se arrepintió, pero el contrato ya estaba firmado. Ni en Francia ni en los Países Bajos han atendido sus demandas.

Su madre, que más o menos atenta o cariñosa no dejaba de ser madre, ya dijo quince años antes en su libro que «a mi hijo que se lo folle quien lo quiera o que lo haga con quien quiera, pero yo no tengo nada por lo que disculparme».

La película se titula *KIRAC 27*, para que os ahorréis verla.

Se contaba entre esos seres capaces de dedicar su vida a la felicidad de otra persona, de convertir esa felicidad en su objetivo. Es un fenómeno misterioso. Entraña la dicha, la sencillez y la alegría; pero sigo sin saber por qué o cómo se produce. Y si no he entendido el amor, ¿de qué me serviría entender todo lo demás?

Plataforma

98

Jonathan Franzen se corrige
(n. 1959)

El estadounidense Jonathan Franzen es de esos pocos escritores capaz de retener en sus páginas a grandes cantidades de lectores con temas de gran calado social y de enorme profundización psicológica. Para muchos, es la excepción que arruina el cliché de que la literatura elevada y con aspiraciones a iluminar el alma humana no entretiene y viceversa, que la literatura de entretenimiento no es más que mala literatura.

También lo era para Oprah Winfrey que, en 2001, año de publicación de *Las correcciones* —la novela que nos reveló al mejor Franzen—, reconoció el inmenso valor y oportunidad de la obra y la programó para su club de lectura.

Para que os hagáis una idea de la naturaleza y del nivel de influencia de esta iniciativa, en el Oprah's Book Club se programan libros de todo tipo y condición. Puedes encontrar tanto *Los pilares de la Tierra*, de Ken Follett, como *El amor en los tiempos del cólera*, de Gabriel García Márquez, dos libros estupendos, aunque en muy distintas dimensiones. Lo que no cambia es la barbaridad de ejemplares que se venden de una obra cuando entra en la dinámica del club. Ejemplo: de un libro como *La carretera*, de Cormac Mc Carthy, se habían vendido 156.000 ejemplares antes de ser elegida en 2007 —una cifra magnífica, por otra parte—. Después de ser elegida, la edición en rústica Oprah —las obras seleccionadas van con su propio sello— vendió 1,4 millones de copias. Todo un fenómeno de prescripción que ya les gustaría a los *bookstagrammers*.

No es que a Franzen le diera igual aquella elección, potencial impulso de ventas incluido, es que le horrorizó que Oprah Winfrey seleccionara su novela para el club. En él, como decíamos, se combinaba la alta literatura asumible por el gran público con libros nada elevados o «demasiado entretenidos». Libros de baja calidad —siempre según Franzen— que, por asociación, podían rebajar ante el público las aspiraciones de su autoría. Por otra parte, el club de Oprah tenía su mayor foco de participantes lectores entre las mujeres, otro nicho de lectura —siempre según Franzen— asociado a la literatura ligera.

En resumen, el sello de Oprah simbolizaba para Franzen todo lo que este autor no quería representar con su literatura. El escándalo fue mayúsculo: por el esnobismo de Franzen tanto como por el desprecio indirecto hacia las preferencias de las mujeres lectoras. La presentadora retiró al escritor la invitación a participar en su *talkshow*. ¿Error o jugada maestra de la reputación literaria?

Capeado el temporal mediático inicial, los hechos parecen dar razón de lo segundo. Con *Las correcciones* había perdido el sello del Oprah's Book Club, pero para la publicación de su siguiente libro, *Libertad*, se había ganado los elogios de la más selecta crítica literaria: «el gran novelista americano», «la gran novela americana», «una obra maestra de la ficción».

Para rematar la jugada, tiempo y disculpas del escritor mediante, *Libertad* fue convocada de nuevo por Oprah Winfrey. Cuando Franzen compareció en el programa, lo primero que hizo fue manifestar que era «un honor».

99

Jon Fosse, el alcalde y el párroco
(n. 1959)

En la década de los veinte del siglo XXI, el Premio Nobel de Literatura parece haber adoptado una dinámica para su concesión que enlaza con las principales inquietudes de su tiempo. O bien siempre fue así, pero vivimos en un momento de hiperconcienciación social. En 2021 fue para Abdulrazak Gurnah, con su preocupación por las «periferias», la experiencia del inmigrante y el choque cultural. En 2022 fue para Annie Ernaux, con su preocupación por el desentrañamiento de la memoria personal femenina y la exploración y cuestionamiento de los principios asumidos como típicos de la feminidad.

En 2023 fue para Jon Fosse, con el testimonio de una fe que ilumina su vida y la de sus protagonistas, con una propuesta de novelística espiritual unida a un vanguardismo literario nada habitual en la tradición de este tipo de narrativa —piénsese en los grandes del siglo XX, Mauriac, Bernanos, Greene, etc.—. El Premio Nobel de Literatura 2023 era, en definitiva, para un católico. Un católico de un país de mayoría protestante no practicante, de una Europa descristianizada, de un mundo profundamente alejado de la propuesta de la Iglesia. Nadie podía creerlo.

No se lo creían ni los propios católicos, esgrimiendo la aparición de la mística del dominico Maestro Eckhart —condenado parcialmente por Juan XXII— en la conciencia del protagonista de *Septología*, la obra cumbre de la narrativa de Fosse. Una propuesta de una teología, por lo demás, rehabilitada por la Congregación para la Doctrina de la Fe en 1992.

El acomplejamiento de los creyentes, que ha llegado a ese punto en el que se asume que la propia fe no merece reconocimiento de prestigio alguno —el descrédito con que el resto del mundo la contempla se interioriza como natural y obvio—, podría ser la anécdota en sí misma por ilustrativa. Sin embargo, hay otra que desmonta a la anterior con la sencillez de los hechos: Josef-Jerko Manola, corresponsal de la ORF en Madrid, contaba en la red social X que una redactora de su medio desplazada a Hainburg —localidad donde el escritor tiene domicilio y de donde es su mujer— había pedido una valoración al alcalde del municipio con motivo de la concesión del Nobel. El alcalde no tenía ni idea de quién era Fosse, pero el párroco sí: «Siempre ha celebrado misa con nosotros».

Pues sí, Fosse es católico. No resulta, pese a todo, tan sorprendente, ni el Nobel rompe con su dinámica de conectar con las principales inquietudes de su tiempo, pues no hay inquietud que se manifieste con más fuerza en nuestros días que la búsqueda cada vez más urgente de algo grande con lo que «dar voz a lo indecible» —por utilizar la motivación del jurado de la Academia— y volver a dotar de significado nuestras vidas.

El obispo de Oslo sí fue cabal: «Me alegra especialmente que Fosse sea católico y que esté dando testimonio de su fe».

100
J. K. Rowling terfa y cancelada
(n. 1965)

Todos aquellos lectores *millennials* que una vez fueron adolescentes y que pudieron aspirar en algún momento a leer las grandes obras universales porque primero siguieron la genealogía de lecturas preparatorias de su generación —los cómics de *Mortadelo y Filemón* y/o de *Astérix y Obélix*, los tomos naranjas de El Barco de Vapor, las novelas de *Harry Potter* y la trilogía de *El Señor de los Anillos*— recordarán a J. K. Rowling por haberles regalado un mundo imaginario en el que instalarse por unas horas y habitar toda una vida. Y por las colas que hacían en las librerías para comprar cada nueva entrega de Hogwarts.

Todos aquellos que no conocieron a Harry Potter a través de sus páginas, pero sí a través de sus películas o videojuegos —está bien, aunque no es lo mismo— recordarán a J. K. Rowling por darles unas cuantas y agradables tardes en casa con la Play o en el cine con sus amigos.

Y todos aquellos que, directamente, no leen ni van al cine, recordarán a J. K. Rowling no por ser la creadora de una de las franquicias más exitosas de la historia de la cultura contemporánea, ni por haber conseguido que toda una generación de jóvenes de todo el mundo lea, sino por haber sido excluida del documental conmemorativo del 20 aniversario de *Harry Potter*, su propia creación. La autora sale apenas veinte segundos en unas imágenes cutres de archivo, porque J. K. Rowling se ha convertido en una terfa.

Una mayoría de los que le aplican a Rowling esta etiqueta, TERF —del inglés *Trans-Exclusionary Radical Feminist*—, no saben explicar muy bien por qué, «pero algo haría, ¿no?». Estos fueron los hechos: Maya Forstater, analista británica de un *think tank* internacional contra la pobreza y la desigualdad, fue cesada, primero como consultora y después como colaboradora de la firma, por publicar tuits en los que manifestaba la evidencia científica de que el sexo no puede cambiarse, que los hombres, por mucho que digan ser mujeres y quieran cambiar su sexo, siguen siendo hombres.

Ante su despido, la escritora J. K. Rowling se posicionó a favor de Forstater. Este fue el tuit que desencadenó su cancelación:

Vístete como gustes. Llámate como quieras. Acuéstate con cualquier adulto que te acepte. Vive tu vida en paz y seguridad. Pero ¿obligar a las mujeres a dejar su trabajo por afirmar que el sexo es real? #IStandWithMaya #ThisIsNotADrill.

El tiempo dirá y los que vengan juzgarán si lo que aquí se cuenta era lo que es, una anécdota más, o un acontecimiento con el poder de borrar la obra de una escritora extraordinaria.

Los pseudónimos de Rowling

Tiene algo de profecía y otro tanto de ironía que Joanne Rowling optara por utilizar el pseudónimo de J. K. Rowling por su temor a no lograr el éxito internacional por ser mujer, y que habiendo llegado a la cúspide se le cancele por querer afirmarse en el hecho incontestable de ser mujer.

Pero si este pseudónimo le falla, tiene otro: Robert Galbraith, autor de novela policiaca conocido por la serie literaria y televisiva protagonizada por el detective Cormoran Strike. Galbraith es también Rowling, quien creó este *alter ego* para distanciarse sin condicionantes ni expectativas del género que le dio fama.

Bibliografía

Acosta, E., *Emilia Pardo Bazán: la luz en la batalla*, La Coruña, Ediciones del Viento, 2021.

Álvarez Gallego, E., «La relación sin fin que es poética entre Emily Dickinson y Susan Huntington Gilbert», *Duoda: Revista d'Estudis Feministes*, n.º 54 (2018), pp. 75-84.

Ariza, F., *Construyendo puentes: la travesía de la narrativa española en los Estados Unidos (1870-1975)*, Granada, Comares, 2023.

Asimov, I., *Yo, Asimov, Memorias*, Barcelona, Arpa, 2023.

Bair, D., *Samuel Beckett: A Biography*, Nueva York, Simon & Schuster, 1990.

Baltanás, E., *Antonio Machado. Poeta de todas las Españas*, Madrid, Rialp, 2023.

Balzac, H., *Tratado de excitantes modernos*, Buenos Aires, Libros del Zorzal, 2018.

Barnes, J., *Arthur & George*, Barcelona, Anagrama, 2007.

Bates, M. J., «Gabriela Mistral», *The Americas*, vol. 3, n.º 2 (octubre de 1946), pp. 168-189.

Beard, M., *SPQR. Una historia de la antigua Roma*, Barcelona, Booket, 2021.

Bello Landrove, F., «Emilio Salgari: las razones de un suicidio», *Quién fuera Borges* (blog), 13 de septiembre de 2018, <https://quienfueraborges.blogspot.com/2018/09/emilio-salgari-las-razones-de-un.html>.

Belloni, B., «Lope de Vega y la tradición hagiográfica hispano-sarda: sobre una fuente de la comedia *El negro de mejor amo*», *Anuario Lope de Vega. Texto, literatura, cultura*, n.º 25 (2019), pp. 75-102.

Blanco, I., *Nací sobre una rotativa. Las empresas culturales de José Ortega y Gasset*, Madrid, Tecnos, 2023.
Bradbury, R., «Posfacio. Fuego brillante», en *Farenheit 451*, Barcelona, Minotauro, 2020.
Brosnan, L., *Reading Virginia Woolf's Essays and Journalism*, Edimburgo, Edinburgh University Press, 1999.
Burroughs, W. S., *El almuerzo desnudo*, Barcelona, Anagrama, 2006.
— *Queer*, Barcelona, Anagrama, 2007.
Cabot, M. R., *The Tramp Printer. The Story of T. P. James, who Stopped at Brattleboro Long Enough to be the Spirit Pen of Charles Dickens*, Society of Printers, 1945.
Cacho Viu, V., «Prólogo», en Ortega, S. (ed.), *Cartas de un joven español (1891-1908)*, Madrid, El Arquero, 1991.
Calvo, T., «Introducción general», en Aristóteles, *Acerca del alma*, Madrid, Gredos, 2020.
Cantizano Márquez, B., «Washington Irving y Fernán Caballero: influencias y coincidencias literarias», *Espéculo. Revista de Estudios Literarios*, n.º 23 (2003).
Carabaña, C., «El extraño caso de la 1.ª edición de *20.000 leguas de viaje submarino*», *Yorokobu*, 7 de octubre de 2013, <https://www.yorokobu.es/extrano-caso-primera-edicion-mundial-20-000-leguas/>.
Churchill, W. S., *La Segunda Guerra Mundial (I)*, Madrid, La Esfera de los Libros, 2007.
— *La Segunda Guerra Mundial (II)*, Madrid, La Esfera de los Libros, 2007.
Crespino, J., *Atticus Finch: The Biography*, Nueva York, Basic Books, 2018.
Dawidziak, M., *A Mystery of Mysteries: The Death and Life of Edgar Allan Poe*, Nueva York, St. Martin's Press, 2013.
Demian, C. G., «El centinela: las excentricidades de Charles Dickens», *Dentro del Monolito*, 17 de mayo de 2021, <https://dentrodelmonolito.com/2021/05/el-centinela-las-excentricidades-de-charles-dickens.html>.
Díaz Ayuga, J. M., «Érase un conflicto más que aceptado. La eterna y supuesta disputa entre Luis de Góngora y Francisco de Quevedo»,

Revista Aullido, 10 de abril de 2016, <https://aullidolit.com/disputa-luis-gongora-francisco-quevedo-tempora/>.

Dickinson, E., *Herbario y antología botánica*, Madrid, Ya lo dijo Casimiro Parker, 2020.

Duce Pastor, E., «Safo de Lesbos. Algunas cuestiones del mito historiográfico desde una perspectiva de género», *Filanderas. Revista Interdisciplinar de Estudios Feministas*, n.º 7 (2022), pp. 41-65.

Dunning, C., «The Tsar's Red Pencil: Nicholas I and Censorship of Pushkin's "Boris Godunov"», *The Slavic and East European Journal*, vol. 54, n.º 2 (2010), pp. 238-254, <https://www.jstor.org/stable/41430443>.

Ellmann, R., *James Joyce*, Oxford, Oxford University Press, 1982.

Estabiel, C., «Georges Simenon, el hombre que hizo siempre la misma pregunta», *Vozpópuli*, 8 de diciembre de 2021, <https://www.vozpopuli.com/altavoz/cultura/georges-simenon-misma-pregunta.html>.

Flaubert, G., *El hilo del collar: correspondencia*, selección y edición de Antonio Álvarez de la Rosa, Madrid, Alianza Editorial, 2021.

— *Madame Bovary*, prólogo de Mario Vargas Llosa, Madrid, Alianza Editorial, 2021.

Frías, Fernando L., «Las hadas recortables que sedujeron a Arthur Conan Doyle», *El Escéptico*, 1999, <https://www.escepticos.es/repositorio/elesceptico/articulos_pdf/ee_06/ee_06las_hadas_recortables_que_sedujeron_a_arthur_conan_doyle.pdf>.

Gallegos, R., *Doña Bárbara*, edición crítica de Flor María Rodríguez-Arenas, Madrid, Stockcero, 2009.

Gilson, D., *A Bibliography of Jane Austen*, Londres, Clarendon Press, 1982.

González Bermejo, E., «Juan Rulfo: la literatura es una mentira que dice la verdad. Una conversación con Ernesto González Bermejo», *Revista de la Universidad*, septiembre de 1979, pp. 4-8.

Gracia, J., *Miguel de Cervantes. La conquista de la ironía*, Madrid, Taurus, 2016.

Greene, G., *Una especie de vida*, Barcelona, Seix Barral, 1994.

Guixà, J., *Espías de Franco: Josep Pla y Francesc Cambó*, Madrid, Fórcola Ediciones, 2014.

Hernández, M., *Josep Pla,* programa *Imprescindibles,* RTVE Play, 1 de mayo de 2015, <https://www.rtve.es/play/videos/imprescindibles/imprescindibles-josep-pla/3112850/>.

Herrera-Hernández, M., «La batalla académica de Galdós», Biblioteca Virtual Miguel de Cervantes, 2018, <https://www.cervantesvirtual.com/nd/ark:/59851/bmc0930454>.

Hurtado González, S., «Cuando Emilia Pardo Bazán entró en el Ateneo», *The Conversation,* 14 de marzo de 2022, <https://theconversation.com/cuando-emilia-pardo-bazan-entro-en-el-ateneo-176343>.

Ingraham, C., «Predict when George R. R. Martin Will Finish Game of Thrones, Using the Magic of Geometry», *The Washington Post,* 16 de junio de 2014, <https://www.washingtonpost.com/news/wonk/wp/2014/06/16/predict-when-george-r-r-martin-will-finish-game-of-thrones-using-the-magic-of-geometry/>.

Jiménez Montalvo, M.ª del M., «Una pequeña colección de chistes de Quevedo», *Revista de Estudios del Campo de Montiel,* n.º 2 (2011), pp. 129-141.

Johnson, P., *Intelectuales,* Madrid, Homo Legens, 2009.

Joshi, S. T., *Yo soy Providence 1: la vida y época de H. P. Lovecraft,* Valencia, Aurora Dorada, 2022.

Kadaré, I., *Tres minutos. Sobre el misterio de la llamada de Stalin a Pasternak,* Madrid, Alianza Editorial, 2023.

King, S., *Mientras escribo,* Barcelona, Debolsillo, 2003.

Kotkin, S., *Stalin. Waiting For Hitler, 1928-1941,* Nueva York, Penguin Books, 2018.

Lago, E., «Paul Auster: "No estoy seguro de tener la fuerza necesaria para escribir otra novela"». *El País,* 1 de septiembre de 2017, <https://elpais.com/cultura/2017/08/29/babelia1504021967_363735.html>.

Lázaro Carreter, F., «Introducción», en Benavente, J., *Los intereses creados,* Madrid, Cátedra, 2021.

Le Guin, U. K., *Selected Poems of Gabriela Mistral,* The University of New Mexico Press, 2011.

Leslie Shaw, D., «Acerca de *La novela de don Sandalio, jugador de ajedrez* de Unamuno», en Chevalier, M., López, F., Pérez, J. y Salomon, N. (dirs.), *Actas del V Congreso de la Asociación Inter-*

nacional de Hispanistas, Instituto de Estudios Ibéricos e Iberoamericanos, Université de Bordeaux III, 1977, pp. 795-799.

Loureiro, M., «Frankenstein o el frío verano de Villa Diodati», *El Mundo*, 1 de enero de 2018, <https://www.elmundo.es/papel/cultura/2018/01/01/5a4a7bb7e2704e01418b45f7.html>.

Lovecraft, H. P., *El Astronomicon y otros textos en defensa de la ciencia*, Sevilla, El Paseo, 2021.

Madrid Jurado, C. J., «La soledad y la tristeza de Nathaniel Hawthorne: una especulación biográfica», *Odisea*, n.º 7 (2006), pp. 119-126.

Mainer, J. C., *Historia mínima de la literatura española*, Madrid, Turner, 2014.

Mancebo Roca, J. A., «La búsqueda paradójica: la búsqueda de lo sagrado en Graham Greene. Una lectura a través de Leopoldo Durán», en Varela, M.ª Á. (coord. y ed.), Barnés, A., Batres, I., Palenzuela, F. y Sevilla, S. (eds.), *Autores en busca del autor*, Madrid, CEU Ediciones, 2020, pp. 165-180.

Martínez-Vázquez, C., «Emilia Pardo Bazán y los franciscanos de Santiago de Compostela», *La Tribuna. Cadernos de Estudos da Casa-Museo Emilia Pardo Bazán*, n.º 15 (2019), pp. 51-72.

Meyers, J., *Hemingway: A Biography*, Boston, Da Capo Press, 1999.

Montijano Ruiz, J. J., *El universo de Agatha Christie*, Madrid, Diábolo, 2019.

Nabokov, V., *Habla, memoria*, Barcelona, Anagrama, 1986.

— *Opiniones contundentes*, Barcelona, Anagrama, 2017.

Negri, S. E., «La relación bipolar del filósofo Miguel de Unamuno con el ajedrez», *Noticias de Ajedrez*, 3 de septiembre de 2020. <https://es.chessbase.com/post/miguel-de-unamuno-y-el-ajedrez-sergio-negri>.

Novaro Editores, «Don Ramón María del Valle-Inclán. Viejo, fantasioso y genial», *Vidas ilustres*, año XIII, n.º 200 (15 de diciembre de 1968).

Orlinski, W., *Lem. Una vida que no es de este mundo*, Madrid, Impedimenta, 2021.

Parker, H., *Herman Melville: A Biography. Volume II, 1851-1891*, Baltimore, The Johns Hopkins University Press, 2002.

Parker, R., «A Haunting Mystery: Brattleboro's T. P. James - Spiritualist, writer ... and conman?», *Battleboro Reformer*, 27 de octubre de 2017, <https://www.reformer.com/local-news/a-haunting-mystery-brattleboros-t-p-james---spiritualist-writer-and-conman/article_47f122e9-ef40-53e8-b8ef-a07a91fd9cd8.html>.

Pérez de la Fuente, A. y Arribas, M., *Carmen Laforet, la chica rara*, RTVE Play, 2021.

Piorno, R. C., «Introducción», en Salgari, E., *Sandokán*, Madrid, Edaf, 1999.

Pla, X., *Un corazón furtivo. Vida de Josep Pla*, Barcelona, Destino, 2024.

Portal digital de Historia de la traducción en España, *Diccionario histórico de la traducción en España*, 2023, <https://phte.upf.edu/>.

Ragonneau, N., *El proustógrafo*, Madrid, Alianza Editorial, 2022.

Reiss, T., *El conde negro. Gloria, revolución, traición y el verdadero conde de Montecristo*, Barcelona, Anagrama, 2014.

Rico, F., «Historia del texto», en Cervantes, M. de, *Don Quijote de la Mancha*, Biblioteca Virtual Miguel de Cervantes, 2003.

Robb, G., *Victor Hugo: A Biography*, Nueva York, W. W. Norton & Co., 1997.

Roberts, A., *Napoleón. Una vida*, Madrid, Palabra, 2016.

Rodríguez Correa, R., «Prólogo a la primera edición», en Bécquer, G. A., *Obras*, Centro Virtual Cervantes, 1871.

Rubio, J., «Gustavo Adolfo Bécquer y Julia Espín: los álbumes de Julia», *El Gnomo. Boletín de Estudios Becquerianos*, n.º 6 (1997), pp. 133-271.

Rulfo, J., «Juan Rulfo examina su narrativa. Diálogo con los estudiantes de la Universidad Central de Venezuela, 13 de marzo de 1974», Ascanio, M. H. (transcripción y edición), *Escritura*, vol. 1, n.º 2 (1976), pp. 305-317.

Salinger, M. A., *Dream Catcher: A Memoir*, Nueva York, Washington Square Press, 2000.

Sánchez, A. J., «Yukio Mishima y el fisicoculturismo en Japón», *Historia Cultural del Fisioculturismo* (blog), 4 de marzo de 2019, <https://fisicoculturismo4.webnode.es/l/mishima-y-el-fisico-culturismo/>.

Sánchez Núñez, P., «Fernán Caballero y Dos Hermanas», en *Home-*

naje a la escritora Cecilia Böhl de Faber con motivo del traslado de sus restos al panteón de sevillanos ilustres, 1999.

Sánchez Reyes, E., *Biografía crítica y documental de Menéndez Pelayo*, Madrid, Fundación Ignacio Larramendi, 2009.

Santos-Sainz, M., «Una periodista llamada Virginia Woolf», *The Conversation*, 7 de diciembre de 2023, <https://theconversation.com/una-periodista-llamada-virginia-woolf-219373>.

Savater, F., «Capitán Salgari», *El País*, 19 de abril de 2011, <https://elpais.com/diario/2011/04/19/cultura/1303164004_850215.html>.

Scanlon, G. M., «La mujer y la Instrucción Pública: de la Ley Moyano a la II.ª República», *Historia de la Educación: Revista Interuniversitaria*, n.º 6 (1987), pp. 193-208.

Schidlowsky, D., *Pablo Neruda y su tiempo: las furias y las penas*, RIL Editores, 2008.

Scibona, S., «The Rediscovery of Halldór Laxness», *The New Yorker*, 4 de julio de 2022, <https://www.newyorker.com/magazine/2022/07/11/the-rediscovery-of-halldor-laxness>.

Sevilla, F., «Introducción», en Alemán, M., *Guzmán de Alfarache*, Barcelona, Penguin Clásicos, 2015.

Slawenski, K., *J. D. Salinger: una vida oculta*, Barcelona, Galaxia Gutenberg, 2010.

Starkie, E., *Arthur Rimbaud. Una biografía*, Madrid, Siruela, 2007.

Steinhauer, J., «A Literary Legend Fights for a Local Library», *The New York Times*, 19 de junio de 2009, <https://www.nytimes.com/2009/06/20/us/20ventura.html>.

Strakhovsky, L. I., «Pushkin and the Emperors Alexander I and Nicholas I», *Canadian Slavonic Papers*, n.º 1 (1956), pp. 16-30, <https://www.jstor.org/stable/40866041>.

Straten, G. V., *Historia de los libros perdidos*, Barcelona, Pasado & Presente, 2016.

Suret, T., «Gustavo Adolfo Bécquer desde otra perspectiva. Dibujos, iconografía y modernidad», Seminario Bécquer 150 aniversario, Recuerdos, melodías y pinturas, Centro de Iniciativas Culturales, Sevilla, 15-22 de diciembre de 2020.

The Irish Times, «Dublin Writer Stabbed», *The Irish Times*, 8 de enero de 1938.

Tolkien, J. R. R., *Cartas de Papá Noel*, Barcelona, Planeta, 2019.
Tolstói, L., *Diarios (1847-1894)*, Barcelona, Acantilado, 2002.
Torres-Begines, C., «Lecturas para la libertad: *Cuentos para mi hijo Manolillo* de Miguel Hernández», *Ocnos*, vol. 16, n.º 2 (2017), pp. 85-94.
Unamuno, M. de, *Contra esto y aquello*, Madrid, Austral, 1969.
Vidal, F., *Educar con Julio Verne*, Madrid, PPC, 2021.
Villaseñor, A. M., «Edward Austen Knight's Godmersham Library and Jane Austen's Emma», *Persuasions*, n.º 29 (2007), pp. 79-88.
Weber de Kurlat, F., «El tipo del negro en el teatro de Lope de Vega: tradición y creación», en *Actas del II Congreso de la Asociación Internacional de Hispanistas*, Instituto Español de la Universidad de Nimega, 1967, pp. 695-704.
Zgustova, M., *Un revólver para salir de noche*, Barcelona, Galaxia Gutenberg, 2019.